ÉTUDE CLINIQUE

SUR

LE VÉRONAL

PAR

Le Docteur J.-B. PÉNARD

Ancien Externe des Hôpitaux de Lyon.

LYON

A. REY & Cie, IMPRIMEURS-ÉDITEURS DE L'UNIVERSITÉ

4, RUE GENTIL, 4

1906

ÉTUDE CLINIQUE

SUR

LE VÉRONAL

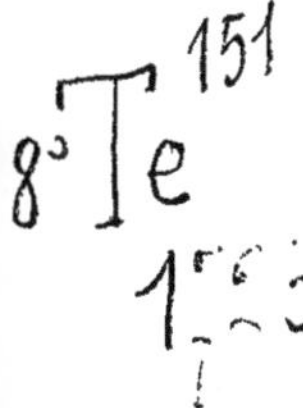

ÉTUDE CLINIQUE

SUR

LE VÉRONAL

PAR

Le Docteur J.-B. PÉNARD

Ancien Externe des Hôpitaux de Lyon.

LYON

A. REY & Cie, IMPRIMEURS-ÉDITEURS DE L'UNIVERSITÉ

4, RUE GENTIL, 4

1906

A MON PÈRE

A MES PARENTS

A MES AMIS

A MONSIEUR LE PROFESSEUR PONCET

Correspondant de l'Académie de Médecine,

Officier de la Legion d'honneur.

En témoignage de ma profonde reconnaissance.

A mon Président de Thèse

MONSIEUR LE PROFESSEUR SOULIER

Professeur de Thérapeutique à la Faculté de Médecine,
Médecin honoraire des Hôpitaux.

A mon Maître

MONSIEUR LE PROFESSEUR AGRÉGÉ PIC

Médecin des Hôpitaux.

A MES MAITRES DANS LES HOPITAUX

EXTERNAT

M. le Professeur agrégé NOVÉ-JOSSERAND,
Chirurgien des Hôpitaux.

M. le Professeur MAURICE POLLOSSON,
Ex-Chirurgien en chef de l'Hôtel-Dieu.

M. le Professeur agrégé VALLAS,
Chirurgien des Hôpitaux.

M. le Professeur agrégé CHATIN,
Médecin des Hôpitaux.

M. le Professeur WEILL,
Professeur de clinique des maladies infantiles.

M. le Professeur agrégé PIC,
Medecin des Hôpitaux.

AVANT-PROPOS

Avant de commencer ce travail, nous tenons à acquitter la dette de reconnaissance que nous avons contractée envers nos maîtres, au cours de nos études.

C'est à M. le professeur Poncet que nous devons d'être aujourd'hui docteur en médecine. Sa grande habileté opératoire, ses soins dévoués et constants, ont assuré une issue heureuse à la septicémie grave, consécutive à une piqûre anatomique, que nous avions contractée au début de nos études médicales. Nous lui dédions notre thèse inaugurale en témoignage de l'immense reconnaissance que nous lui devons.

M. le professeur Soulier nous fait l'honneur de présider notre thèse; il a mis à notre disposition, avec sa grande bienveillance, les ressources de sa bibliothèque et de son laboratoire, il nous a prodigué ses conseils; qu'il nous permette de lui exprimer ici toute notre gratitude.

M. le professeur agrégé Pic a droit à notre reconnaissance, à plus d'un titre. Il fut le premier, lors de notre maladie, à nous prodiguer ses soins avec un zèle et un dévouement que nous n'oublierons jamais. Dans la suite nous avons toujours reçu, auprès de lui, le plus bienveillant accueil, et dans maintes circonstances, il nous a montré tout l'intérêt qu'il nous portait. Nous avons eu l'honneur et le plaisir d'être son externe pendant notre dernier semestre d'externat, et c'est à lui que nous devons la meilleure part de notre éducation clinique. Enfin, il nous a indiqué le sujet de cette thèse, nous aidant de ses conseils et de son temps ; à tous ces titres nous pouvons l'assurer de notre plus profonde gratitude et de notre entier dévouement.

Tous nos remerciements vont aussi à M. le Docteur Delore, chef de clinique de M. le professeur Poncet, qui prit une part importante à notre guérison. Il nous a toujours traité en ami, et nous sommes heureux de pouvoir lui témoigner aujourd'hui notre entière sympathie.

INTRODUCTION

L'insomnie, caractérisée par l'absence ou l'insuffisance de sommeil, est un fait pathologique très intéressant. Par les perturbations qu'elle entraîne, elle montre bien l'importance et l'impérieuse nécessité du sommeil. Il n'est pas, en effet, de supplice plus pénible que celui de ne pas pouvoir dormir. Que l'insomnie soit relative ou absolue, accidentelle ou habituelle, qu'elle soit d'origine purement nerveuse ou d'origine toxi-infectieuse, il est un autre fait qui s'impose, c'est celui de la nécessité du traitement. Les moyens de traitement que nous avons à notre disposition sont assez nombreux et assez fidèles dans leur action pour qu'il nous soit toujours possible de procurer à un malade une nuit de sommeil dans un cas donné. Mais le but du thérapeute dans l'emploi de ces moyens doit être avant tout d'imiter la nature et de chercher à obtenir un sommeil naturel. Pour cela, il devra mettre son malade dans les conditions extérieures qui fournissent au centre du sommeil son excitant normal (éloignement des causes d'insomnie ; suppression de la douleur, repos du corps et de l'esprit, vie au grand air, voyages, distractions). Ensuite, passant à une thérapeutique plus directe, il emploiera les moyens physiques qui sont du ressort exclusif de l'hygiène, tels que le froid en applications locales, le bain tiède, la douche tiède ; le régime alimentaire sera également surveillé. Mais, comme souvent ces moyens sont insuffisants, il sera alors dans la nécessité de recourir aux agents chimiques somnifères, qui ne produisent qu'un sommeil artificiel. Le médicament hypnotique ne devra être entre ses mains qu'un médicament d'urgence, sous peine d'ajouter à l'intoxication des centres nerveux une intoxication d'un nouveau genre, l'intoxication thérapeutique et de faillir au grand principe :

Primum, non nocere.

Parmi les somnifères que la chimie met à notre disposition, il n'en est pas d'absolument parfait, il n'en est pas qui ne présentent que des indications, sans aucune contre-indication. C'est pour cela que, dans le grand nombre des somnifères que l'on a inventés, surtout dans ces dernières années, et qui ont suscité dès le début un si grand enthousiasme, beaucoup ont été frappés d'un juste ostracisme, alors qu'ils avaient à peine vu le jour. Ce sont, en effet, des hôtes dangereux qui modifient les centres nerveux dans leur constitution chimique ou leur état dynamique et en compromettent ainsi le fonctionnement pour longtemps ou pour toujours.

Il en est cependant quelques-uns qui sont restés et resteront encore dans l'arsenal thérapeutique, parce qu'ils présentent de très grands avantages à côté de légers inconvénients. L'hypnagogue que nous nous proposons d'étudier nous paraît devoir rentrer dans cette catégorie. Le véronal, en effet, un des derniers-nés de la chimie allemande, par son action rapide et sûre, par la multitude des cas dans lesquels il trouve son indication, par son maniement facile et inoffensif, quand il est bien dirigé, est certainement un de ces « nouveaux venus, dont les allures bienfaisantes semblent mériter le respect ». (Arnozan.)

Dans l'exposé de cette étude, nous avons adopté l'ordre suivant :

Dans un premier chapitre, nous donnons un aperçu succinct de la constitution chimique du véronal, en insistant particulièrement sur ses rapports avec le groupe urée. Nous établissons ensuite un court parallèle tant au point de vue chimique qu'expérimental avec un autre hypnagogue de la série uréique : l'uréthane.

Dans le second chapitre, nous faisons l'étude physiologique du véronal et nous essayons d'interpréter son mode d'action.

Les indications cliniques font l'objet du troisième chapitre ; elles sont classées par appareils d'organes et accompagnées des observations qui se rapportent aux affections de ces organes.

Les contre-indications cliniques sont traitées dans le chapitre suivant.

Dans le cinquième, nous exposons les inconvénients de l'hypnagogue et nous relatons les rares cas d'intoxication qu'on lui a attribués.

Enfin, sa valeur comparative, d'une part, sa posologie et son mode d'emploi, d'autre part, font l'objet des deux derniers chapitres.

CONTRIBUTION A L'ÉTUDE

des indications et des contre-indications cliniques

DU VÉRONAL

CHAPITRE PREMIER.

ETUDE BIO-CHIMIQUE DU VÉRONAL

Inventé et préparé industriellement par Merck, de Darmstadt, introduit en thérapeutique par MM. E. Fischer et V. Mering, le véronal, ou diéthylmalonylurée, ou encore acide diéthylbarbiturique, est un corps qui a pour formule

$$C^8H^{12}Az^2O^3 = \begin{matrix} C^2H^5 \\ C^2H^5 \end{matrix} > C < \begin{matrix} CO - AzH \\ CO - AzH \end{matrix} > CO$$

Malgré sa découverte relativement récente, puisqu'il date de 1903, ce composé chimique a fait l'objet de nombreux travaux analytiques, surtout allemands, dont l'étude nous entraînerait trop loin. Nous résumerons brièvement les données de sa formule architecturale, qui pourront nous servir à interpréter son action hypnagogue, nous aidant surtout, dans cette étude, du travail d'un de nos devanciers (thèse de Labougle, Lyon, 1905).

C'est en partant de l'alcool éthylique :

$$C^2H^5OH$$

de l'acide malonique :

$$\begin{matrix} COOH \\ COOH \end{matrix} \Big> CH^2$$

et de l'urée :

$$CO \Big< \begin{matrix} AzH^2 \\ AzH^2 \end{matrix}$$

que MM. Fischer et V. Mering arrivèrent par une série d'expériences (nous n'en relatons que les principales) à la synthèse du véronal En combinant deux molécules d'alcool éthylique à l'acide malonique, ils obtinrent d'abord l'acide diéthylmalonique.

Puis par la combinaison de l'urée et de l'acide malonique, ils formèrent la malonylurée, ou acide barbiturique :

$$CH^2 \Big< \begin{matrix} COAzH \\ COAzH \end{matrix} \Big> CO$$

Enfin, en combinant ce dernier corps avec l'alcool éthylique, ils obtinrent la diéthylmalonylurée :

$$\begin{matrix} C^2H^5 \\ C^2H^5 \end{matrix} \Big> CO \Big< \begin{matrix} COAzH \\ COAzH \end{matrix} \Big> CO$$

Le but poursuivi dans ces transformations chimiques était d'obtenir un hypnagogue plus puissant que ceux connus jusqu'à ce jour. Les auteurs s'appuyaient sur ce fait que l'action hypnotique des alcools et des disulfones est fortement augmentée par le nombre des groupes éthyliques.

De ces recherches se dégagent les trois conclusions suivantes :

1° La nécessité d'introduire le groupe urée pour

produire l'action hypnotique, et son insuffisance s'il est seul ;

2° L'action hypnotique est plus forte si on introduit dans la disposition cyclique du groupe uréique les dérivés de l'acide diéthylmalonique ;

3° L'action hypnotique est la plus marquée avec les radicaux diéthyl et dipropyl.

Après avoir expérimenté leur produit sur les animaux, et en avoir constaté les heureux effets sur l'homme, MM. Fischer et V. Mering proposèrent le nom de « Véronal » pour remplacer le terme chimique de diéthylmalonylurée, difficile à prononcer. Il est regrettable, ainsi que nous le faisait remarquer M. le professeur Soulier, que ce mot de Véronal ne mette pas mieux en évidence les excellentes propriétés hypnagogues du médicament, le désignant ainsi davantage à l'attention du médecin.

Propriétés physico-chimiques.

Le véronal se présente sous la forme de petits cristaux incolores, fondant à 190 degrés.

Il est inodore et de saveur légèrement amère.

Presque insoluble à froid dans l'eau, il se dissout facilement dans l'eau bouillante.

A froid il se dissout dans le bicarbonate de soude et dans la soude caustique, et cette propriété de former des sels alcalins très solubles est importante au point de vue de sa résorption dans l'intestin.

Les réactions chimiques du véronal sont assez nombreuses ; nous n'en citerons que quelques-unes, les plus simples et les plus faciles à pratiquer.

Avec l'*acide sulfurique*, le véronal donne, à l'ébullition, une coloration jaune, puis brun rouge.

Avec l'*acide azotique fumant*, le véronal est dissout en ajoutant de l'eau, il ne se forme pas de précipité.

Avec le *réactif de Millon*, il donne un précipité blanc abondant; et lorsque dans une de ses solutions on fait tomber quelques gouttes de nitrate acide de mercure, on obtient un précipité blanc soluble dans un excès de réactif.

Comparaison avec l'uréthane. — Nous avons vu tout à l'heure que l'introduction du groupe urée dans la constitution chimique du véronal était nécessaire pour produire son action narcotique. C'est pour cela que nous avons voulu le comparer avec un autre hypnagogue beaucoup plus ancien, l'uréthane, qui, lui aussi, dérive de l'urée.

L'uréthane est un éther de l'acide carbamique, c'est l'éthyl uréthane ou carbamate d'éthyle.

L'acide carbamique $CO\langle{}^{AzH^2}_{OH}$ n'existe pas à l'état de liberté, pas plus que l'acide carbamique des carbonates $CO\langle{}^{OH}_{OH}$ d'où il dérive par substitution d'une amide AzH^2 à un hydroxyle OH; l'amide de cet acide carbamique est l'urée $CO\langle{}^{AzH^2}_{AzH^2}$ d'où dérive l'uréthane, par substitution d'un éther éthylique OC^2H^5 à une amide AzH^2, sa formule est alors $CO\langle{}^{AzH^2}_{OC^2H^5}$ (Soulier, *Traité de Thérapeutique).*

L'examen de cette formule, comparée à celle de la

diéthylmalonylurée, nous montre l'absence du radical diéthyl. Cela nous explique peut-être pourquoi l'action narcotique de l'uréthane est bien plus faible que celle du véronal.

A un autre point de vue, l'urée étant le premier des diurétiques, il serait intéressant de savoir si ses dérivés jouissent des mêmes propriétés. C'est ce que nous avons recherché dans nos expériences sur les animaux. En même temps nous avons comparé le véronal et l'uréthane au point de vue de la rapidité, de l'intensité de l'action narcotique, des doses employées et de leur action sur la motricité et la sensibilité.

Nous avons trouvé que l'uréthane est moins hypnagogue que le véronal, son action est un peu plus longue à se manifester ; le sommeil est également calme dans les deux cas à doses légères; il faut de fortes doses d'uréthane pour produire des troubles de la sensibilité et de la motilité; l'uréthane semble présenter des propriétés diurétiques.

Expérience I. — A 3 h. 55, nous faisons ingérer avec la sonde à un cobaye de 460 grammes une solution de 30 centigrammes d'uréthane dissous dans de l'eau. Vingt minutes après la fin de l'ingestion, le cobaye urine ; rien autre à signaler ; pas de sommeil ; l'animal est seulement plus calme que d'ordinaire ; pas de tremblement, pas de troubles appréciables de la respiration. A 5 heures, même état ; à 5 h. 30, même état ; à 6 heures, une miction. Le lendemain, le cobaye ne paraît pas se ressentir de l'expérience de la veille.

Expérience II. — On fait ingérer à un cobaye de

535 grammes 15 centigrammes de véronal dissous dans l'eau.

Durée : 3 h. 40 à 3 h. 50.

Rien immédiatement après l'ingestion ; à 4 heures, le cobaye semble dormir, il se tient immobile, les réflexes cornéens et cutanés sont intacts.

4 h 5. — Le cobaye dort paisiblement, un tremblement à petites oscillations apparaît aux deux pattes de devant.

4 h. 10. — Le tremblement s'est généralisé aux quatre membres, il est devenu plus rapide et plus fréquent (toutes les 15 secondes) sans augmenter d'amplitude.

4 h. 20. — Le sommeil est plus profond, l'animal reste étendu sur le dos, ne réagit presque pas aux excitations ; pas de parésie du train postérieur ; pas de secousses généralisées, le tremblement disparaît momentanément.

4 h. 50. — Le tremblement a reparu, mais il est moins fréquent, sommeil profond, n'a pas uriné.

6 heures. — Même état.

Le lendemain, l'animal ne mange presque pas et, le surlendemain, il est trouvé mort.

Expérience III. — A un lapin de 2.170 grammes, nous injectons, au moyen de la burette, dans la veine auriculaire marginale 25 centimètres cubes d'une solution de véronal au 1/100. La dissolution du véronal a été obtenue en faisant chauffer le mélange suivant :

Sérum physiologique .	100 grammes
Carbonate de soude . .	5 —
Véronal.	1 gramme

L'injection dure de 4 h. 33 à 4 h. 45, et, dès la fin, l'animal présente à plusieurs reprises des mouvements convulsifs.

4 h. 45. — On a compté quatre ou cinq secousses généralisées ; elles ne se reproduisent plus, mais il y a un commencement de parésie du train postérieur.

4 h. 50. — La parésie augmente, l'animal se tient mal sur ses pattes de derrière, celles de devant se prennent peu à peu. Si on le couche sur le côté, il a de la peine à se remettre d'aplomb et reste étendu sur le ventre, il devient somnolent; sensibilité cornéenne intacte, pas de tremblement.

5 heures. — Sommeil calme et paisible, l'animal est couché sur le côté, réagit faiblement aux excitations; il ne peut se remettre sur ses pattes, le train postérieur paraît fortement parésié.

5 h. 30. — Même état,

6 heures. — Même état, le lapin n'a pas uriné. Le lendemain, il est complètement réveillé et a mangé un peu.

Expérience IV. — A 3 h. 55, nous injectons, à l'aide de la burette, dans la veine auriculaire d'un lapin pesant 2.440 grammes, 50 centimètres cubes d'une solution à 1/100 d'uréthane dissous dans de l'eau. L'injection est terminée à 4 h. 15 ; rien à noter pendant qu'on la pratique. Dix minutes après, le lapin est calme et reste immobile.

4 h. 35. — L'animal, toujours immobile, paraît légèrement somnolent, mais réagit bien aux excitations. Réflexe cornéen intact, pas de résolution musculaire, pas de secousses, ni de tremblement, pas de modifica-

tion appréciable des mouvements respiratoires, pas de miction.

5 heures. — Même état.

6 heures. — Même état.

Le lendemain, l'animal se meut et mange comme à l'ordinaire.

Expérience V. — A 3 h. 23, injection à un lapin de 2.300 grammes, dans la veine marginale auriculaire, d'une solution de 2 grammes d'uréthane dans 50 centimètres cubes d'eau. Durée de l'injection : 8 minutes. Dès la fin de l'injection, le lapin est en résolution musculaire complète, somnolent, le réflexe cornéen est très émoussé, et de petites contractions fibrillaires apparaissent aux pattes de derrière.

3 h. 40. — L'animal dort d'un sommeil paisible, mais profond, il est comme assommé.

4 heures. — Les mouvements fibrillaires augmentent et restent localisés aux quatre membres ; rien sur la paroi abdominale. L'animal réagit peu aux excitations, il reste étendu sur le dos. Le réflexe cornéen est toujours fortement émoussé.

4 h. 30. — Le tremblement diminue d'intensité, le sommeil est tout à fait calme ; une miction.

5 heures. — Même état.

6 heures. — Même état, une miction.

Le lendemain, l'animal est encore un peu hébété, mange moins qu'à l'ordinaire ; le surlendemain, il est revenu à son état normal.

CHAPITRE II

ÉTUDE PHYSIOLOGIQUE DU VÉRONAL SON MODE D'ACTION

Les auteurs qui ont étudié l'action du véronal sur les principales fonctions physiologiques de l'économie s'accordent à dire qu'il ne produit généralement pas de troubles fâcheux aux doses ordinaires.

Action sur le système neuro-musculaire. — Les expériences de MM. Fischer et V. Mering sur les animaux, celles de Kleist, Kobert, et autres, les nôtres mêmes, montrent qu'il faut des doses relativement élevées de véronal pour produire de la parésie musculaire, du tremblement, de la titubation et des altérations de la sensibilité. Chez l'homme, ces troubles ne surviennent, la plupart du temps, qu'à des doses plus fortes encore.

Action sur la température. — Kleist a constaté un abaissement constant de la température, tombant parfois jusqu'à 36°5. Labougle a trouvé un abaissement de plusieurs dixièmes ; c'est là un fait que nous n'avons pas constaté nous-même et qui s'expliquerait, d'après les recherches de Trautmann, par un abaissement notable de l'azote, consécutif à l'emploi du véronal.

Action sur la composition du sang. — MM. Kleist

et Sabrazés n'ont trouvé aucune altération des globules, rouges, de l'hémoglobine, de la valeur globulaire.

Action sur la digestion. — Les expériences de laboratoire portant sur des digestions artificielles (Labougle) ont montré ce que l'emploi du véronal en clinique montre chaque jour, à savoir que le médicament n'entraîne en rien les actions des diverses diastases salivaire, gastrique, pancréatique et intestinale.

Action sur la respiration. — Edhem a constaté un ralentissement considérable des phénomènes respiratoires chez des pigeons auxquels il faisait ingérer du véronal à doses toxiques. Avec des doses faibles, nous n'avons pas constaté de modifications sensibles.

Labougle, dans sa thèse, publie un tracé particulièrement démonstratif de l'abaissement de la respiration chez un chien, après une injection de 1 gr. 30 de véronal.

Action sur la circulation. — Les auteurs qui ont étudié cette question n'ont signalé aucune modification de la tension sanguine.

Action sur les sécrétions. — Le véronal excite la sécrétion salivaire et la sécrétion gastrique ; quant à la sécrétion urinaire, Bérent prétend qu'elle ne serait pas influencée, et Kleist admet la possibilité de l'action diurétique par vaso-dilatation des vaisseaux du rein. Nos expériences personnelles sur les animaux ne nous ont pas permis d'arriver à des conclusions précises à ce sujet. De même l'observation clinique de nos malades soumis à l'usage du véronal n'a pas été probante, aucun d'eux n'ayant remarqué une augmentation notable de l'émission urinaire. Toutefois, en admettant que la méthylmalonylurée puisse, à faibles doses, posséder des propriétés légèrement diurétiques, il est un fait qui nous paraît incontestable, et sur lequel nous n'insisterons pas ici : c'est qu'à des doses élevées elle produit une action vaso-constrictive sur les vaisseaux du rein, action qui se traduit par le symptôme oligurie.

Absorption et élimination. — La propriété que possède le véronal de former des sels alcalins très solubles nous explique sa rapide absorption par l'intestin, en dix à quinze minutes.

Il n'en serait pas de même de son élimination ; celle-ci serait lente, ainsi que l'ont établi les recherches de MM. Fischer et Mering ; mais le véronal ne subit dans l'organisme aucune modification ; il s'élimine en nature par les urines, dans la proportion de 70 %. C'est à cette élimination lente qu'est dû l'effet prolongé du médicament.

Action toxique du véronal. — Botscharow a constaté que la dose toxique de véronal était environ de 0 gr. 7 par kilogramme d'animal. On sait que les expériences de Raschkow ont élevé la dose mortelle à 1 gramme pour le chien.

Chez l'homme, la dose mortelle n'est pas fixée : elle peut varier entre 2 et 10 gr., et même dans la plupart des cas d'intoxication par l'emploi de ces doses élevées (doses subtoxiques), la guérison a pu être obtenue après quelques jours d'un état grave. Les faits de ce genre les plus connus sont :

Cas de Massey et Drappier : 4 gr. 50 de véronal en une fois.

Cas de Hald : 9 grammes.

Cas de Harnack : 8 grammes de véronal + 6 grammes de trional et sulfonal.

Cas de Clarke : 8 grammes de véronal.

Cas de Bérent : 8 grammes de véronal.

Cas de Geiringer : 4 gr. 50 en une fois.

Nous ne faisons que les signaler ici, nous proposant de les analyser dans un autre chapitre.

A ces fortes doses, voici comment l'action toxique se manifeste généralement : ce qui disparaît d'abord, ce sont les mouvements volontaires ; plus tard l'activité respiratoire diminue, la température baisse, et les mouvements réflexes faiblissent.

Action hypnagogue du véronal. — Les avantages. — La dose utile de véronal pour provoquer le sommeil est évidemment variable suivant le genre d'insomnie auquel elle s'adresse ; en admettant qu'elle varie entre 0 gr. 30 centigrammes et 1 gramme on peut fixer la dose moyenne à 0 gr. 50 centigrammes.

La dose que nous avons employée chez nos malades était de 0 gr. 30 centigrammes pour les femmes, et 0 gr. 50 centigrammes pour les hommes, elle a toujours été suffisante pour produire l'action hypnagogue ; il est vrai toutefois que nous n'avions affaire ni à des maladies mentales, ni à d'autres affections des centres nerveux. M. Cavazzoni (*Gazetta ospedale*, 1904) qui a employé le véronal dans plus de cent cas très variés, conclut aussi que la dose utile est presque toujours comprise entre 0 gr. 50 centigrammes et 1 gramme.

L'action se produit au bout de trente à soixante minutes chez l'homme, elle est donc assez rapide comme on le voit. Elle est encore plus rapide chez l'animal, puisque nous avons vu qu'elle se manifestait presque immédiatement en injection intra-veineuse, et dix minutes après l'injection stomacale. Cette courte période latente et cette rapidité d'action s'expliquent par la prompte absorption du médicament, et par son élimination en nature.

La durée du sommeil provoqué est de cinq à sept heures, quelque fois dix heures, et c'est là un avantage que présentent bien peu d'autres hypnotiques.

On a dit que le sommeil thérapeutique ressemble bien peu au sommeil naturel, mais qu'il se rapproche beaucoup plus du sommeil pathologique ; qu'il est rarement réparateur ; qu'il laisse souvent après lui une sensation de lourdeur et de malaise, et qu'en somme c'est un sommeil d'intoxication. Ce reproche ne semble pas s'adresser au véronal. Les malades se déclarent généralement très satisfaits par la manière agréable dont se fait sentir son action soporifique. Il engendre sans incommoder en quoi que ce soit un besoin de dormir presque naturel, ne blesse ni le goût, ni l'odorat, produit un sommeil paisible et sans rêves. Le matin en s'éveillant les malades se sentent frais et dispos, comme après un sommeil naturel. Seules les fortes doses laissent subsister le lendemain quelque sentiment de fatigue, mais sans malaise corporel aucun. C'est l'opinion générale, et en particulier celle de MM. Francotte et Cavazzoni. M. le professeur Combemale qualifie de « calme, solide, sans rêve, et sans lendemain » le sommeil provoqué par le véronal.

Un autre avantage de ce médicament, c'est son innocuité, absolue pour les uns, seulement relative à notre avis. Il occasionne très rarement des cas d'empoisonnement mortel, quelques-uns même de ceux qu'on a publiés sont douteux ; les accidents graves d'intoxication que produisent les doses élevées durent peu de temps et ne laissent après eux aucun reliquat ; enfin le véronal a pu, d'après les observations de Fraenkel, Schiffer et Münz, être administré non seulement à des enfants, mais à des nourrissons, sans qu'il donnât lieu au moindre accident. Mais, à côté de ces heureux résultats, le véronal a souvent un effet fâcheux sur le rein malade, le plus souvent lorsqu'on l'emploie à des doses exagérées, mais quelquefois aussi à doses modérées ; c'est pour cela que nous ne lui attribuons qu'une innocuité relative.

Mode d'action du véronal. — La diéthylmalonylurée possède avant tout une action somnifère, mais elle a aussi une certaine action sédative sur la douleur ; dans quelle classe d'hypnagogues pourrons-nous alors la classer ?

Dans la classification de Germain Sée, qui divise les somnifères en : 1° Dépresseurs de l'irritabilité nerveuse et 2° somnifères proprement dits, le véronal rentrerait dans ce second groupe, avec les corps de la série grasse (paraldéhyde, uréthane).

Pour M. Manquat, qui s'inspire de la classification précédente, le véronal prendrait place dans sa deuxième catégorie, qui est celle des somnifères directs, provoquant le sommeil par un mécanisme circulatoire, suivant la théorie ancienne ; ou plutôt par un mécanisme histo-chimique identique au sommeil normal, suivant les théories modernes.

D'après la classification de M. le professeur Soulier, le véronal serait à la fois un hypnagogue direct, c'est-à-dire agissant sur le centre du sommeil pour combattre l'insomnie dite essentielle, et un hypnagogue indirect, c'est-à-dire supprimant la perception sensitive, à la façon de la morphine.

Le véronal est surtout un hypnagogue direct, mais il appartient aussi au cadre des hypnagogues indirects par son action sédative.

Ses propriétés narcotiques doivent être attribuées à son action paralysante sur le système nerveux central, mais quel est le mécanisme intime de cette action ?

Nous abordons par là le problème, si souvent posé, mais jamais résolu, de la pathogénie du sommeil.

Nombreuses sont les théories qui ont été proposées, depuis la théorie, déjà ancienne, d'un centre du sommeil de Wernicke et Mauthner, avec les observations de Gayet, jusqu'aux théories les plus récentes et les plus ingénieuses.

Hâtons-nous de dire que leur nombre est une preuve de leur insuffisance et que, dans l'état actuel de la science, il est difficile de se décider en faveur de l'une plutôt que de l'autre. Nous rappellerons brièvement les principales.

Pflüger avait émis la théorie physiologique, circulatoire, de l'anémie du cerveau ; pendant que d'autres admettaient la théorie purement physique de l'amoindrissement de la masse cérébrale.

La théorie histologique de MM. Lépine et Mathias Duval paraît assez séduisante ; le sommeil, d'après eux, serait dû au retrait des prolongements dendritiques des neurones.

M. Bouchard a énoncé un fait d'une haute valeur physiologique en établissant que l'urine du sommeil contient des poisons convulsivants, et l'urine de l'état de veille des poisons somnifères, stupéfiants. Ceci nous montre que l'organisme accumule pendant l'état de veille les principes mêmes qui serviront à produire le sommeil de la nuit.

Les théories modernes essayent à peu près toutes d'expliquer le sommeil par les modifications histochimiques qui se passent dans les éléments nerveux. Aussi pourrait-on essayer de rapprocher l'action hypnagogue du véronal de l'action anesthésique du chloroforme, attribuée tour à tour soit à la déshydratation du protoplasma des neurones (R. Dubois), soit à un suintement des liquides cellulaires à travers la membrane altérée, amenant la mort partielle des plasmas (Averton), soit enfin à l'affinité du chloroforme pour les substances grasses (lécithine, cholestérine). L'anesthésique s'accumulerait dans les cellules, prenant la place de ces corps liquides, d'où perturbation de l'agrégation cellulaire normale et retentissement sur le fonctionnement cellulaire par de la paralysie (Hans Meyer et Averton).

Pour être complet, nous signalerons enfin deux théories du sommeil tout à fait récentes. (*Presse médicale*, 6 mai 1906.)

La première est celle de M. Salmon, qui attribue à

la sécrétion interne du corps pituitaire la production du sommeil physiologique.

Si cette théorie est relativement simple, il n'en est pas de même de la seconde, celle de M. Devaux, qui attribue le sommeil aux phénomènes d'osmose ; nous ne faisons que l'indiquer, car son exposition exige des développements que ne comporte pas notre sujet.

CHAPITRE III

INDICATIONS CLINIQUES DU VÉRONAL

Le véronal rencontre son indication clinique dans les insomnies liées aux altérations morbides de tous les appareils et de presque tous les organes ; cette action universelle est si bien résumée dans un article de M. le professeur Combemale (in *Province médicale*, 1905, n° 6) que nous nous permettons de le reproduire ici.

« Cliniquement, dit-il, aucune dose n'est à craindre « aux doses usuelles apportant le sommeil. D'abord, « les doses dangereuses sont très élevées, puis ni la « crase du sang, ni la respiration, ni la pression san- « guine, ni le foie, ni les reins, ne sont altérés ; d'où « il résulte que dans toutes les maladies le véronal peut « être administré comme hypnotique, et, de fait, dans « les cardiopathies, dans la phtisie aux diverses pério- « des, dans les néphrites, dans toutes les pneumopa- « thies, il a été administré sans accidents; même les « manifestations dyspeptiques ou les troubles gastro- « intestinaux ne sont pas des contre-indications. On « pressent, ajoute-t-il, quel intérêt a un médicament « relativement actif et, d'autre part, peu nocif. Aussi, « puisque toute insomnie peut être attaquée et vaincue « avec lui; neurasthéniques, hypocondriaques, hysté- « riques, angoissés, mélancoliques, se sont adressés à

« lui avec bénéfice, comme aussi les agités, qu'ils « fussent déments, paralytiques généraux, imbéciles, « idiots, épileptiques, hallucinés ou maniaques. L'in- « somnie au cours des infections telles que l'influenza « et la fièvre typhoïde, au cours des traumatismes cra- « niens dans le *delirium tremens*, l'intoxication par le « tabac a été aussi jugulée ; chez les enfants, de même. » L'auteur ajoute qu'il n'a jamais trouvé d'insomnie rebelle à une première dose de véronal de 75 centigramme à 1 gramme, si ce n'est un cas d'insomnie consécutive à un néoplasme gastrique extrêmement douloureux.

Nous allons passer en revue les indications du véronal, au point de vue hypnotique et sédatif dans les maladies des différents appareils nerveux, circulatoire, respiratoire... etc. Nous les classons par organes, pour les mettre mieux en évidence.

Le Véronal dans les maladies du système nerveux.

C'est là que notre hypnagogue présente le plus grand nombre d'indications, c'est là qu'il présente son indication dominante, qui est l'insomnie nerveuse ou agrypnie. Il a été employé au triple point de vue de son action hypnotique, de son action sédative et de son action antispasmodique. La connaissance de cette dernière propriété est de date récente ; elle avait été signalée en 1904 par M. P. Marie, et c'est à la fin de l'année 1905 que M. Combemale a publié les résultats de son expérience sur ce sujet.

CERVEAU

Tumeurs cérébrales. — Le véronal a été employé dans un cas de tumeur cérébrale par M. Combemale, et s'est montré un excellent antispasmodique à l'égard du tremblement contre lequel il était dirigé.

Paralysie générale. — MM. Constensoux et Chesnais (*Revue neurologique*, 1904-1905) l'ont employé comme hypnotique dans cette affection, ainsi que dans les psychoses et les névroses, à la dose de 50 à 80 centigrammes. Il a produit un sommeil tranquille, physiologique, d'une durée de six heures en moyenne, suivi d'un réveil normal, sans fatigue physique, ni nausées. Dans 5 cas sur 10 des accidents secondaires se sont montrés : 3 fois des troubles de l'équilibre et 2 fois des éruptions polymorphes symétriques. La conclusion des auteurs est que le véronal constitue un bon hypnotique, mais qu'il faut le surveiller de près.

Bourilhet (*Presse médicale*, mai 1905) a obtenu sur 11 cas de paralysie générale, 3 résultats seulement avec des doses de 30 à 50 centigrammes ; les autres cas ont été négatifs avec des doses de 1 gr. 50 à 2 grammes. « C'est pourquoi, dit-il, sans repousser comme Abraham l'usage du véronal dans la paralysie générale, nous reconnaissons qu'il est moins efficace dans cette affection que dans les autres maladies mentales. »

Dufaur rapporte dans sa thèse (Bordeaux, 1904) plusieurs cas de paralysie générale où l'insomnie fut calmée par le véronal.

Hémiplégie. — M. Combemale rapporte 2 cas de succès du véronal employé comme antispasmodique.

PSYCHOSES

Confusion mentale. Démence précoce ou sénile. Mélancolie. Hypocondrie. Dépression nerveuse. Délire hallucinatoire. Agitation maniaque. — Dans ces différents états le véronal a presque toujours donné de bons résultats. Comme hypnotique, il se montre plus actif dans les cas d'insomnie sans agitation, et son action sédative dans les cas d'agitation est moins énergique que son action hypnagogue. Chez les mélancoliques on arrive à calmer l'agitation avec les doses ordinaires, mais chez les agités maniaques il faut élever la dose à 1 gr. 50 et 2 grammes, et bien souvent encore sans résultats. C'est ainsi que dans la statistique de Bourilhet portant sur 12 mélancoliques, on ne relève que 3 échecs, relatifs à des agités, avec des doses de 0, 30 à 0, 80 centigrammes, 3 cas de délire hallucinatoire, résultats heureux. Sur 7 agités maniaques, 3 cas positifs aux doses habituelles, 1 cas négatif à doses quotidiennes de 3 et 4 grammes, dans les autres cas les effets furent peu appréciables ou inconstants.

Dans deux cas de démence précoce avec agitation on eut de meilleurs effets que dans un cas de démence sénile, avec des doses comprises entre 0, 50 centigrammes et 1 gr. 50.

Klieneberger qui a employé le véronal dans le traitement des psychoses chroniques chez les femmes dans les cas de dépression ou d'excitation légère, dans le cours des états terminaux de la démence précoce, a remarqué que souvent il suffisait d'une dose simple de 0, 25 centigrammes pour produire un effet favorable, tandis que des doses plus élevées ne donnaient pas lieu à des effets élevés en proportion. Il a été constaté en outre que deux doses simples de o, 25 centigrammes chacune, séparées par un intervalle de quelques heures, produisaient un effet plus intense et plus persistant qu'une seule dose de o, 50 centigrammes; de même avec o, 75 centigrammes répartis en 3 doses.

Matthey *(Neurologisches Centralblatt*, 1903) rapporte les observations de 33 malades qui présentèrent des affections mentales variées, telles que : hypocondrie, démence précoce, catatonie, démence paralytique... etc., dans lesquelles il a expérimenté le véronal contre l'insomnie et contre l'excitation. Il a obtenu des résultats hypnotiques et sédatifs excellents, à la dose de 1 gramme par jour, par prises de o, 50 centigrammes. Il a atteint quelquefois une dose maxima de 3 grammes, qu'il conseille de ne pas dépasser.

Francotte *(Bulletin médical de Belgique*, 1904) rapporte les observations de 42 malades, de formes mentales très diverses, chez lesquels il a employé le véronal, en comprimés ou en poudre, à la dose de o, 25 centigrammes à 1 gramme. Les résultats ont été bons, quelques accidents secondaires, comme des nausées ; conclusions : les accidents sont rares et peu graves.

Luther *(Neurologische Wochenschrift* 1903) préconise le véronal dans l'insomnie nerveuse et l'agitation des aliénés.

Spielmeyer le considère comme un bon hypnotique dans les maladies nerveuses à la dose de 1 gramme, mais trouve une grande résistance au médicament chez les déments précoces.

NÉVROSES

Migraine. — Le véronal semble être ici un médicament de choix; dans les cas anciens, en le donnant d'abord à doses assez élevées, 0,75 centigrammes à 1 gramme, et en diminuant progressivement, on arrive en quelques jours à diminuer le nombre des accès, et à procurer un sommeil réparateur. Dans les cas légers, une dose moyenne de 0,50 centigrammes suffit pour avoir raison de l'accès.

Chorée. — Fraenkel l'a vu réussir dans des cas de chorée, où le brome à hautes doses avait échoué.

Epilepsie. — Bonvecchiato a vu diminuer les attaques d'épilepsie par l'emploi du véronal; pour les crampes nocturnes des épileptiques il peut remplacer le brome. Bérent l'a employé à doses élevées, 2 gr. 50, 3 grammes, il obtint un sommeil profond et de longue durée, mais l'action sur les crises ne fut pas appréciable. Cependant Mendel et Kron ont constaté son action sédative en plus de son action hypnotique.

Hystérie. — Excellent hypnotique dans les états d'insomnie pure, bon sédatif dans les états d'agitation, le véronal s'est même montré un antispasmodique actif dans les cas de tremblements. En général, il n'est pas nécessaire de dépasser les doses moyennes de 0,50 à 0,80 centigrammes, mais il faut en surveiller l'action, car il n'est pas rare d'observer des phénomènes d'intoxication légère ou grave chez les hystériques.

Paralysie agitante. — Le véronal agit ici par ses propriétés antispasmodiques.

Neurasthénie. — Les insomnies si souvent rebelles

des neurasthéniques cèdent généralement mieux par les agents physiques que par les agents chimiques. Néanmoins, en employant des doses successivement abaissées de 1 gramme à 0,50 centigrammes, on obtient une action hypnotique suffisante. Dans les cas de dépression nerveuse profonde, il faut aussi employer des doses élevées.

Maladie de Basedow. — Les troubles névropathiques, l'éréthisme cardiaque et circulatoire, le tremblement du goître exophtalmique sont heureusement influencés par des doses moyennes et longtemps répétées du véronal qui manifeste ici sa triple action sédative, hypnotique et antispasmodique. Dans l'observation que nous rapportons ici, nous avons employé le véronal surtout contre les manifestations névropathiques, car nous n'avions pas affaire à une maladie de Basedow typique.

Observation I (personnelle).
(Recueillie dans le service de M. Pic).

Névropathie. — Basedowisme fruste.

Marie D..., quarante-trois ans, Hôtel-Dieu, IIIe Femmes, n° 18, a toujours été très nerveuse. A l'âge de trente ans, après une grossesse gémellaire, apparition de troubles névropathiques gastro-intestinaux : vomissements, céphalée, coliques, grande constipation, et parfois fausses membranes dans les selles.

Asthénie progressive, insomnie; bouffées de chaleur, sensation de brûlure. Pas de stigmates hystériques, goître assez marqué, sans exophtalmie notable. Un peu de tachycardie, agitation, anxiété.

Elle est traitée au début par la douche froide qui n'amène pas d'amélioration. Urines, pas d'albumine.

2 juillet. — Un cachet de véronal de 30 centigrammes, continuation les jours suivants ; pas d'effet appréciable sur l'état d'anxiété et d'agitation pendant les trois premiers jours, mais la malade a mieux dormi dès le premier cachet.

5 juillet. — La malade dort régulièrement six à sept heures toutes les nuits, le sommeil est paisible, le réveil est naturel, sans lourdeur de tête, pas d'envie de dormir dans la journée, l'agitation est bien moins grande qu'au début.

10 juillet. — La malade continue l'emploi de ses cachets et s'en trouve très bien ; euphorie manifeste.

12 juillet. — Elle part en convalescence, et désire continuer l'usage de son médicament.

Les urines ne contiennent pas d'albumine ; pas de polyurie appréciable à aucun moment.

MOELLE

Sclérose en plaques. Syringomyélie. Sclérose latérale amyotrophique. — L'emploi du véronal dans ces différentes maladies a fait découvrir récemment une des propriétés les plus importantes du véronal, son action antispasmodique. En 1904, M. P. Marie, à la Société de neurologie, donnant son avis sur le véronal, avait dit : « J'ai été également satisfait de l'emploi du « véronal, non seulement comme hypnotique, mais « surtout comme antispasmodique. Dans deux cas de « sclérose latérale amyotrophique, les phénomènes « très intenses et très pénibles ont été remarquable- « ment améliorés. »

Partant de cette idée, M. le professeur Combemale expérimenta le véronal dans les maladies à tremblements, et spécialement dans la sclérose en plaques et la paralysie agitante.

Il publia les résultats de ses recherches dans la thèse de son élève Carette (thèse de Lille, novembre 1905), ses expériences portèrent sur 7 trembleurs : 2 scléroses en plaques, 2 hémiplégiques, 1 neurasthénique, 1 *delirium tremens* et 1 tumeur cérébrale.

Nous donnons ici le résumé de ces deux observations très détaillées de sclérose en plaques, où l'action antispasmodique du véronal nous paraît très probante.

Observation II

Combemale (*Province médicale*, 9 décembre 1905).

Sclérose en plaques.

Mlle P..., jeune fille de vingt-huit ans, a présenté il y a huit ans quelques troubles oculaires; depuis cinq ans elle est atteinte de tremblement (1900).

En 1902, on note du côté de l'appareil oculaire les différents troubles de la sclérose en plaques. Les tremblements du corps sont très intenses, rendant impossible tout acte de la vie quotidienne, il était impossible à la malade de manger elle-même; l'équilibre était instable, la marche impossible sans l'aide de deux personnes. Pendant longtemps on administre du bromure, de l'hyosciamine, de la solanine; aucun résultat appréciable n'apparaît. En 1904 on donne du véronal à raison de 50 centigrammes par jour pendant huit jours suivis de huit jours de repos. Le premier résultat fut une accentuation du sommeil. Mais ce fut surtout le tremblement qui subit une amélioration remarquable, au bout d'un mois ; pendant plusieurs mois, on pu suivre l'amélioration.

Au bout d'un an, la malade mangeait à table seule, se servait de sa fourchette, de sa cuillère et de son verre sans grand ennui, quoique imparfaitement ; elle pouvait écrire et marchait en donnant le bras à une autre personne ; les autres symptômes s'amendaient parallèlement.

Après vingt mois de traitement au véronal, administré toujours de la même façon qu'au début, la malade marche seule d'un pas saccadé et court ; la station debout est possible quoique avec des oscillations ; le manger et boire sont devenus choses faciles ; elle écrit avec quelques trémulations ; la parole est aisée, chantante, mais peu scandée, les réflexes sont moins exagérés, les troubles oculaires sont moins marqués ; l'état psychique est excellent.

Observation III

Combemale (*Province médicale*, 9 décembre 1905).

Sclérose en plaques.

D... Théophile, journalier, trente-sept ans, fait remonter à l'âge de trente ans le début de sa maladie ; en un an, le tremblement et l'instabilité ont fait de tels progrès qu'il est impossible de se livrer à aucune occupation ; en somme, signes de sclérose en plaques au complet et au maximum.

En 1904, on administre 50 centigrammes de véronal par jour, pendant six semaines consécutives, le premier résultat fut l'augmentation du sommeil. Peu à peu le tremblement s'améliora considérablement. Au bout de six semaines le véronal est supprimé ; l'amélioration acquise persiste encore un mois ; puis le malade retombe dans son état antérieur. On redonne du véronal à la même dose ; amélioration du sommeil d'abord, du tremblement ensuite ; cette amélioration est constamment maintenue jusqu'au décès du malade, mort d'infection.

M. Combemale n'eut aucun échec dans ses 7 cas de tremblement et, pour ce qui est des deux cas de sclérose en plaques, il attribue nettement au véronal la grande atténuation des tremblements.

La dose à employer sera de 50 centigrammes chaque soir au coucher, pendant plusieurs semaines consécutives, suivies d'un égal temps de repos. Aucun incident au cours de la médication.

Tabes. — Le véronal est impuissant contre les douleurs fulgurantes du tabes, mais il agit bien aux doses ordinaires, contre l'insomnie.

NERFS PÉRIPHÉRIQUES

Névralgies. — On sait que le véronal est considéré, par la plupart des auteurs, comme impuissant contre les névralgies ; cependant, Larkin, Beck, Beyer ont rapporté quelques cas où il aurait produit d'excellents effets. Nous avons voulu expérimenter nous-mêmes l'action antinévralgique du véronal ; nous avons administré une dose quotidienne de 50 centigrammes de véronal pendant quinze jours à deux malades porteurs de sciatique. Dans nos deux cas, le résultat nous a paru assez satisfaisant, le sommeil a été obtenu et la douleur habituelle a été notablement diminuée.

Voici, d'ailleurs, ces deux observations :

OBSERVATION IV (personnelle).

(Recueillie dans le service de M. Pic.)

Sciatique.

Régis G..., trente-deux ans, Hôtel-Dieu, Sainte-Marie,

n° 4. Sciatique gauche datant d'un mois. Douleurs à peu près constantes à caractère aigu, entravant la marche, sans nécessiter le repos absolu. Insomnie.

Pas d'albumine dans les urines.

Le premier jour de l'administration du véronal, peu d'effets ; pas de modifications de la douleur, un peu de sommeil.

Le second jour, les effets sont plus marqués, le malade commence à dormir; au réveil, il éprouve une sensation de bien-être ; la douleur est peut-être moins vive.

Le cinquième jour, le sommeil est complet maintenant, dure cinq à six heures, parfaitement tranquille, il y a une sédation manifeste de la douleur, pas de tendance au sommeil pendant la journée.

Au dixième jour, ces effets bienfaisants sont encore plus accentués, et il ne s'est jamais produit le moindre signe d'intoxication.

Pas de polyurie appréciable, pas d'albumine.

Observation V (personnelle).

(Recueillie dans le service de M. Pic.)

Sciatique.

L'histoire clinique de ce second malade ressemble beaucoup à celle du précédent au point de vue des effets produits par le véronal.

Auguste D..., quarante-neuf ans, Hôtel-Dieu, Sainte-Marie, n° 24. Sciatique gauche ; troisième atteinte datant de huit jours : les deux premières avaient été guéries par le siphonage. L'action somnifère du véronal ne s'est produite que le second jour ; sommeil assez profond qui procura au malade un repos qu'il n'avait pas goûté, disait-il, depuis plusieurs nuits. L'action sédative de la douleur n'a été sensible qu'au quatrième jour.

Au bout de huit jours, sommeil calme, prolongé, avec tendance à dormir pendant le jour ; la douleur a bien diminué, le malade éprouve une sensation d'euphorie remarquable.

Pas de modifications des urines.

Le véronal dans les maladies de l'appareil circulatoire.

CŒUR

Cardiopathies valvulaires compensées ou non compensées.

VAISSEAUX

Artério-sclérose. — On ne s'étonnera pas en voyant dans cet article le petit nombre de cas dans lesquels le véronal trouve son indication. En effet, il ne peut agir ici que sur le symptôme insomnie, et l'on sait que la digitale est l'hypnotique des cardiaques, comme le lait est celui des brightiques.

Bérent a essayé le véronal à la dose de 1 gramme à 1 gr. 50, dans les états d'insomnie consécutifs aux lésions cardiaques valvulaires, et à l'asthme cardiaque. Le médicament se montra efficace seulement dans les cas où les troubles organiques n'étaient pas trop marqués. Il ne produisit jamais d'accident. Son emploi dans l'insomnie des artério-scléreux produisit les mêmes résultats.

Francotte, Homburger et Lotsch ont aussi montré l'action sédative et hypnotique que le véronal exerce dans les lésions valvulaires non compensées, dans les troubles généraux de la compensation, et dans l'artério-sclérose

Mais c'est surtout le professeur Verhoogen (in *Journal médical de Bruxelles, 1903)* qui vante l'efficacité du véronal chez les cardiaques. Il rapporte deux cas où les malades ont manifestement bénéficié de son emploi. Le premier avait une insuffisance mitrale, à la période ultime, avec tous les signes de la cachexie cardiaque, anasarque, dyspnée, et une insomnie complète. L'usage quotidien du véronal pendant plus d'un mois lui procura un sommeil parfait, sans jamais faire défaut.

Dans le second cas, où il s'agissait d'une insuffisance aortique, au début de la rupture de compensation, l'insomnie fut jugulée par l'usage du véronal, la dyspnée disparut, le pouls devint plus calme, et la situation générale s'améliora.

Labougle, à qui nous empruntons les lignes précédentes, rapporte trois observations personnelles de cardiopathies, dans lesquelles une dose prolongée de o gr. 50 de véronal supprima l'insomnie, calma la dyspnée, sans produire d'effets fâcheux.

Personnellement nous avons essayé le véronal dans un cas de cardiopathie chez un individu névropathe, et nous n'avons eu qu'à nous louer de ses bons résultats.

Observation VI

(Recueillie dans le service de M. Pic.)

Cardiopathie chez un névropathe.

Claudius B..., trente ans, Hôtel-Dieu, Sainte-Marie, n° 27.

Dans les antécédents personnels, éthylisme et rhumatisme articulaire subaigu il y a deux ans. La dyspnée d'effort remonte à plusieurs années déjà et s'est installée d'une façon progressive. Actuellement : gros cœur, diastolisme mitral, douleurs précordiales, palpitations, insomnie, nervosisme marqué, exagération des réflexes et hyperesthésie cutanée. Pas d'albumine dans les urines.

On donne à ce malade chaque soir un cachet de 50 centigrammes de véronal et, dès le deuxième, l'action hypnotique se manifeste assez nettement.

Pendant huit jours, on continue l'administration du véronal qui provoque chaque nuit un sommeil régulier de six heures en moyenne, sans envie de dormir pendant le jour. Le malade est moins anxieux qu'à l'ordinaire, plus calme et éprouve une sensation de bien-être spécial qu'il se plaît à faire remarquer. Jamais d'effets fâcheux.

Pas d'albumine dans les urines au moment du départ ; nous conseillons au malade de continuer l'emploi de son médicament, en faisant quelques coupures.

Le véronal dans les maladies de l'appareil digestif.

Les insomnies, et, dans quelques cas, les phénomènes douloureux consécutifs aux affections des divers organes du tractus digestif sont justiciables de l'action bienfaisante du véronal.

BOUCHE

Troubles de la dentition. — En médecine infantile, le pouvoir du véronal se manifeste aussi bien que chez l'adulte, et on l'a employé sans danger chez des enfants qui présentaient de l'inquiétude et de l'insomnie pendant la dentition. La dose moyenne doit être de 50 centigrammes, dans une infusion chaude.

ESTOMAC

Dyspepsies d'origine nerveuse. — Le véronal a été employé avec succès à la dose de 50 centigrammes, et recommandé par Dumont et Caillau, von Kaan, Gaussel, dans les dyspepsies d'origine nerveuse, où il ne produirait aucun effet nuisible sur les fonctions gastrique et intestinale. On sait cependant que c'est surtout dans ces cas qu'il faut se garder d'employer les médicaments somnifères, car, à peu près tous possèdent une action irritante sur l'estomac, et, par suite, favorisent indirectement l'insomnie qu'ils sont appelés à combattre.

Ulcère et cancer de l'estomac. — Dufaur, Lotsch, Köhler le recommandent comme sédatif de la douleur et comme hypnotique dans l'ulcère de l'estomac et le cancer. Sabrazès a publié un cas très intéressant d'ulcère de l'estomac avec hématémèses, où le véronal donné à la dose de 0 gr. 50 centigrammes par jour, pendant un mois, fut très bien toléré. Le malade guérit sous l'influence de cette médication et d'un régime approprié.

INTESTIN

Troubles gastro-intestinaux. — Chez l'enfant, le véronal produit de bons effets dans l'insomnie consécutive aux troubles gastro-intestinaux, si fréquents à cet âge.

De même chez l'adulte. Il n'entrave en rien les processus chimiques qui se passent dans ces organes ; la nutrition générale n'en souffre pas, au contraire, puisque le poids du corps augmenterait d'après Massay et Drappier et Köhler, qui, à la suite de Trautmann, considèrent le véronal comme un aliment d'épargne de l'albumine.

Entéro-colite muco-membraneuse. — Le Dr Edhem publie (in *Archives générales de médecine de Constantinople*, juillet 1904) une observation personnelle très instructive d'entéro-colite. Il s'agit d'une malade présentant des crises très douloureuses d'entéro-colite, crises qui s'accompagnaient de vomissements incessants résistants à la morphine. L'auteur guérit sa malade en quatre jours, en lui faisant absorber chaque jour 0 gr. 50 centigrammes de véronal immédiatement après un repas copieux. La malade s'endormait dix minutes après, et gardait son repas.

Personnellement nous avons essayé l'action hypnotique et sédative du véronal dans un cas d'entéro-colite muco-membraneuse (observation X, chapitre v) ; les premiers effets sur la maladie furent heureux ; mais bientôt apparurent des phénomènes d'intoxication légère qui amenèrent la suppression de l'hypnagogue.

Le véronal dans les maladies de l'appareil respiratoire.

Le véronal présente de nombreuses indications dans les maladies de cet appareil, où il agit par son action hypnagogue, sédative, antispasmodique, eupnéique même. Il est enfin une autre propriété du véronal, signalée depuis peu, mais qui mérite l'attention, et sur laquelle nous insisterons d'avantage, nous voulons parler de son action anhydrotique sur les sueurs nocturnes des phtisiques.

LARYNX

Laryngite.

BRONCHES

Bronchite. — Le véronal rend de bons services, aux doses de o gr. 3o à o gr. 5o centigrammes, par son action sédative sur les légères souffrances physiques de ces affections, et par son action hypnagogue sur l'insomnie consécutive à ces douleurs. Il agit encore en calmant la toux, chez les tousseurs atteints de bronchite chronique.

POUMON

Asthme. — ***Emphysème.*** — Action hypnagogue du véronal contre l'insommie ; action eupnéique légère.

Doses habituelles : 3o à 5o centigrammes.

Pneumonie. — Dans les affections graves qui s'accompagnent de douleurs intenses, comme la pneumonie ou la pleurite, on associe dans le but de rendre l'action hypnotique plus complète le véronal avec la dionine ou la morphine, ainsi que l'ont proposé Dufaur et Jolowiez.

Tuberculose pulmonaire. — Kleist et von Kaan, Werhoogen, Lotsch, Stein, Kohler recommandent le véronal chez les tuberculeux à toutes les périodes et spécialement chez les phtisiques, où le médicament calme la toux, relève l'appétit, produit une augmentation du poids, arrête les sueurs nocturnes.

Le véronal contre les sueurs nocturnes des phtisiques. M. Ulrici (in *Therapeutische Monatshefte 1904, n° 12)* expose les résultats qu'il a obtenus par l'administration du véronal à doses quotidiennes de 30 centigrammes.

Le véronal atténue ou supprime dans un très grand nombre de cas le phénomène si pénible de la transpiration nocturne profuse chez les phtisiques. Même après plusieurs mois d'un emploi quotidien le médicament agit encore ; il semble que l'accoutumance ne s'établisse guère.

L'auteur n'aurait jamais constaté d'inconvénients quelconques résultant de ce traitement.

La première fois l'effet est peu marqué, la seconde fois il l'est plus, la troisième les sueurs sont ordinairement complètement supprimées sans que l'on soit obligé d'augmenter la dose chez des hommes forts. Chez des buveurs, la dose sera élevée exceptionnellement jusqu'à 60 centigrammes. Les sueurs supprimées plusieurs nuits de suite on suspend le véronal jusqu'à ce qu'elles reviennent. L'atropine et l'agaricine agiraient moins sûrement que le véronal.

Personnellement nous avons expérimenté l'action anhydrotique du véronal sur les sueurs nocturnes des phtisiques. Nous avons constaté la constance de son action, se produisant au troisième jour environ, pour ne plus disparaître jusqu'à la suppression du médicament. Dans ce cas, nous avons aussi constaté le retour des sueurs, et leur disparition dès qu'on redonne du véronal.

Observation VII (personnelle).

(Recueillie dans le service de M. Pic.)

Bacillose pulmonaire. — Sueurs nocturnes.

Louis R..., trente ans, Hôtel-Dieu, Sainte-Marie, n° 26.

Pas d'antécédents héréditaires directs.

Personnellement, quelques bronchites dans l'adolescence.

Ethylisme avoué.

Il y a cinq mois, refroidissement, toux, point de côté, amaigrissement surtout marqué depuis un mois.

Hémoptysie il y a quinze jours.

Craquements au sommet gauche, submatité avec signes d'épanchement à la base ; quelques signes à droite.

Toux émétisante, surtout la nuit. Sueurs nocturnes abondantes, change deux fois de chemise.

Pas d'albumine dans les urines.

Un cachet de 30 centigrammes tous les soirs après dîner.

Les deux premiers jours, dort davantage, tendance au sommeil durant le jour.

Le troisième jour, sommeil très profond, très calme.

Diminution des sueurs et de la toux.

Au bout de huit jours, sommeil profond, durée huit à dix heures. Les sueurs nocturnes sont bien supprimées, le malade ne change plus sa chemise pendant la nuit.

Au quinzième jour, on supprime le cachet pour trois jours : sueurs reviennent, on redonne les cachets, elles disparaissent.

Pas d'accumulation. Pas d'albumine.

Observation VIII (personnelle).

(Recueillie dans le service de M. Pic.)

Bacillose pulmonaire subaiguë. — Sueurs nocturnes.

Marguerite M..., dix-neuf ans, Hôtel-Dieu, IIIe Femmes, n° 19.

Antécédents héréditaires : mère morte bacillaire, une sœur aussi.

Début de l'affection actuelle il y a un an par de la toux, des crachats sanglants, jamais d'hémoptysie.

Excavation du sommet droit.

Induration à gauche.

Sueurs nocturnes abondantes.

Traces d'albumine dans les urines au moment de l'emploi du véronal.

Un cachet de 30 centigrammes de véronal le soir. Le premier produit un peu de diminution des sueurs de la face et de la tête.

Au deuxième cachet, la malade se plaint d'avoir passé une nuit très agitée, sans sommeil, plus malade, plus de fièvre que d'habitude, attribue cet effet au véronal.

Troisième cachet, pris avec répugnance, même état que la nuit précédente ; agitation extrême, mal de tête, fièvre. On est obligé de supprimer le véronal.

Le lendemain, la malade se sent mieux.

Les urines renferment un gros disque d'albumine.

Observation IX (personnelle).
(Recueillie dans le service de M. Pic.)

Bacillose pulmonaire. — Sueurs nocturnes.

Philiberte C..., IIIe Femmes, n° 17.

Mère morte bacillaire.

Un frère mort de fluxion de poitrine.

Toux sèche, pas d'hémoptysie.

Submatité du sommet droit et obscurité à la base droite. Température autour de 38 degrés.

Sueurs nocturnes abondantes, la malade est obligée de changer de chemise deux fois chaque nuit.

Insomnie relative. Urines : pas d'albumine.

On donne un cachet de 30 centigrammes de véronal

chaque soir et, dès le premier, l'action soporifique se fait sentir.

Le deuxième produit une diminution légère des sueurs et un peu de céphalée au réveil.

Avec le troisième cachet, on semble avoir obtenu l'effet complet; sommeil calme, paisible, d'une durée de huit heures, avec envie de dormir dans la journée, pas de céphalée.

Les sueurs nocturnes sont bien diminuées, la malade ne change de chemise plus qu'une fois par nuit.

Au bout de huit jours, les sueurs sont totalement supprimées, mais la malade se plaint de son envie croissante de dormir pendant le jour.

On cesse alors l'emploi du véronal pendant cinq jours, les sueurs nocturnes réapparaissent presque aussi abondantes qu'avant.

De nouveau, 30 centigrammes de véronal chaque soir et en deux jours les sueurs disparaissent.

Les urines examinées plusieurs fois au cours du traitement n'ont jamais présenté de l'albumine.

La malade continue son traitement sans éprouver aucun malaise dû à l'accumulation du véronal.

Le véronal dans les maladies aiguës, les maladies générales et les intoxications.

Le véronal a été employé avec des résultats satisfaisants dans les maladies aiguës et les affections générales. Dans ces cas, il agit d'abord en combattant l'insomnie, presque de règle dans les formes graves de toutes ces affections ; c'est, de plus, un véritable aliment d'épargne de l'albumine, qui permet ainsi plus facilement la lutte de l'organisme dans les affections fébriles ou consomptives. La *grippe* revêt parfois une véritable allure nerveuse ; c'est dans ces cas que le véronal agit en calmant l'agitation et permettant le sommeil. Dans la *fièvre typhoïde*, il sera avantageusement employé, non seulement dans les formes nerveuses de l'affection, mais encore dans les cas d'insomnie si fréquents au cours de la convalescence. Dans la *coqueluche*, le véronal agit comme antispasmodique, il calme les accès de toux ; aussi mérite-t-il d'être employé contre les quintes si pénibles auxquelles aucun remède efficace n'a encore été opposé. Münz l'a employé chez les enfants âgés de moins de trois ans sous la forme suivante :

Véronal	1 gramme
Antipyrine	1 —
Sirop de cannelle . . .	20 grammes
Eau distillée	100 —

à prendre le matin, à midi, au moment de se coucher ; chaque fois, une cuillerée à thé. Fracenkel l'a employé sous une forme à peu près semblable ; dans douze cas, dans lesquels le diagnostic de coqueluche était absolument incontestable, Fracenkel a obtenu des résultats positifs et remarquables sans aucun accident. Nous n'avons pas trouvé dans la littérature médicale d'autres exemples de l'emploi du véronal comme antispasmodique dans la coqueluche ; nous n'avons nous-même pas eu l'occasion de l'essayer, mais les résultats favorables signalés par les auteurs sont tout à fait engageants à se livrer à de nouvelles expériences.

Le véronal a été employé avec avantage dans les *péritonites aiguës*, où, dans certains cas, il peut remplacer la morphine.

Dans le *rhumatisme articulaire aigu*, il a donné un succès complet à Wiener, Dufaur et Jolowicz ; Lotsch a eu deux échecs dans deux cas de rhumatisme compliqués d'affections cardiaque et pulmonaire.

Les *prurits* sont justiciables du véronal. Sabrazès l'a employé avec succès. Aronheim n'a eu que des résultats satisfaisants dans les cas d'insomnie liés au prurit, il emploie le véronal en combinaison avec le bromure de méthyle-atropine.

Labougle rapporte dans sa thèse deux observations d'insomnies rebelles liées au *diabète*. Le véronal fut donné quelques jours à la dose de 50 centigrammes ; les malades dormirent bien sans médicament.

Dans les gros accès de *goutte*, le véronal est sans effet, mais il agit très bien dans les cas d'insomnie légère.

Intoxications. — Le véronal trouve aussi son indication dans les intoxications. Les insomnies liées à l'*alcoolisme* chronique sont combattues par des doses légères d'hypnagogue. Les cas de *delirium tremens* sont justiciables de doses plus considérables. Berent a employé le véronal à la dose de 2 gr. 50 à 3 grammes chez les alcooliques en crise de délirium. Au bout de dix minutes à une heure, le sommeil était obtenu ; il a fait ainsi avorter des crises de délirium.

Homburger a montré tout le parti qu'on peut tirer du véronal dans les cures de *démorphinisation ;* on donne la morphine et le véronal en diminuant d'abord la morphine de moitié, puis en essayant de la supprimer totalement d'une façon graduelle. Meitner a employé, dans le même but, le véronal avec la dionine. A. Fromme l'a utilisé avec succès dans le traitement de la morphinomanie, lorsqu'en présence de phénomènes graves, provenant de la suspension de l'emploi de la morphine, on était dans la nécessité d'avoir recours, en même temps qu'aux injections d'hyoscine, à l'administration d'un soporifique. Lilienfeld, en deux mois, a guéri un morphinomane par l'administration du véronal à la dose de 1 gramme d'abord, puis de 50 centigrammes.

L'abus du *thé* et du *café* peut provoquer des insomnies ; le traitement consiste à supprimer la cause ; si l'insomnie persiste, on pourra donner du véronal à la dose de 25 à 75 centigrammes.

CHAPITRE IV

CONTRE-INDICATIONS CLINIQUES DU VÉRONAL

Dans le chapitre précédent, nous n'avons pas parlé des indications cliniques du véronal dans les maladies de l'appareil urinaire, parce que, à notre avis, c'est là que réside la principale contre-indication du médicament.

Et, cependant, la plupart des auteurs qui l'ont étudié n'ont pas signalé la possibilité de son action nocive sur le rein malade, bien au contraire. C'est ainsi que, d'après des observations faites dans le service de Pal à l'hôpital général de Vienne, le véronal exercerait une heureuse action hypnotique dans la néphrite chronique interstitielle, à la période pré-urémique. Jordan et Zirkelbach le recommandent aussi comme hypnotique dans les affections des reins. Berent, peu après la découverte du véronal, expérimentant sur des brightiques, avec des doses assez élevées de 1 gramme à 1 gr. 50, n'avait pas observé d'actions nuisibles, dans la plupart des cas, tout au moins. Cependant, avec des doses plus élevées encore, 2 grammes, les malades s'étaient plaint de lourdeur de tête et de somnolence. Labougle (thèse de Lyon, 1905) pense que le véronal ne présente aucun danger dans les maladies du rein et dans le mal de Bright en particulier. Il cite même une observation (XVII) « dans laquelle le malade qui avait 5 à 6 grammes d'albumine par jour put continuer pendant longtemps l'usage du médicament sans n'en retirer que des bénéfices. » Mais ce n'est là qu'un cas isolé et qui ne peut pas, comme le reconnaît l'auteur, servir de base à une opinion.

D'autres auteurs ont conclu à l'innocuité absolue du médicament, parce que, malgré son emploi prolongé et à doses assez élevées, l'albumine n'était jamais apparue dans l'urine. Pour nous, nous ne prétendons pas que le véronal soit dangereux parce qu'il produit des lésions rénales, se traduisant par l'albuminurie, par exemple ; mais nous croyons que son emploi est dangereux dans les affections rénales déjà existantes. La contre-indication réside dans les maladies du rein seulement, et non pas dans les maladies de tous les organes de l'appareil urinaire. En général, les auteurs qui ont expérimenté le véronal n'ont pas assez mis en évidence l'importance de l'intégrité du filtre rénal, et ceux qui ont signalé des accidents fâcheux n'ont pas assez insisté sur l'état des reins de leurs malades avant l'usage de l'hypnagogue. Ainsi, MM. Constensoux et Chesnais, qui signalent 5 cas d'intoxication légère sur 10, ne parlent pas de l'état des reins. Il n'en est pas de même de M. Mongeri (in *Club medical de Constantinople*, 1905), qui rapporte trois observations de malades incommodés par le véronal. Parmi les symptômes communs présentés par eux, tous avaient des hallucinations visuelles. L'auteur signale que ces trois malades étaient porteurs d'une insuffisance rénale, avec des traces indosables d'albumine dans les urines.

Il ajoute que dans les cas ordinaires le véronal doit être employé avec beaucoup de prudence et à petites doses seulement, tout en reconnaissant qu'il est, la plupart du temps, inoffensif, sans accidents secondaires fâcheux et qu'il excelle par la promptitude et l'intensité de son action. Mais il le proscrit rigoureusement dans les cas où il existe une insuffisance hépato-rénale ou simplement rénale.

A cet égard, nous possédons deux observations qui sont inégalement probantes.

La première (obs. VIII), se rapporte à une femme tuberculeuse (cavernes pulmonaires) qui prit un cachet de 30 centigrammes de véronal chaque soir pendant trois jours successifs. A ce moment, intolérance absolue, qui se manifeste dès le second cachet par une agitation extrême, des lourdeurs de tête, et peut-être un peu d'ascension thermique, la malade prétendait que son cachet lui donnait de la fièvre. Les urines examinées le lendemain renfermaient un disque énorme d'albumine, alors qu'elles en contenaient à peine des traces avant l'administration du médicament.

Faut-il voir dans ce cas un exemple d'intoxication rapide, par des doses légères, dû à l'insuffisance rénale préexistante, aggravée encore par l'état de moindre résistance de l'organisme ; ou bien peut-on le considérer simplement comme un cas d'intolérance par idiosyncrasie ?

La forte proportion d'albumine dans les urines permettrait peut-être d'incriminer le rein.

La deuxième observation (obs. X) a trait à un cas d'intoxication par accumulation de doses légères,

3o centigrammes, prolongés pendant huit jours Pour expliquer cette intoxication relativement rapide avec des doses aussi faibles, peut-être pourrait-on invoquer le mauvais état des voies digestives chez cette malade (entéro-colite muco-membraneuse). Mais il y a un fait qui attire l'attention du côté du rein, c'est la présence d'un disque net d'albumine dans les urines, le jour où l'on constate les accidents, alors qu'il faisait complètement défaut au début de l'administration du véronal. Plutôt que de voir dans ce cas un simple fait de coïncidence, ne vaudrait-il pas mieux admettre que cet incident est venu mettre en évidence une insuffisance rénale latente jusque-là ?

L'étude des cas d'intoxication grave par des doses élevées de véronal nous montre encore le même fait, c'est-à-dire l'affinité élective du médicament pour le rein. L'oligurie est le symptôme dominant, pathognomonique dans les cas bien analysés comme ceux de Morchen et de Harnack que nous rapportons plus loin.

Si Kleist a trouvé que le véronal à doses faibles avait une légère action diurétique par vaso-dilatation, les cas d'empoisonnements précédents semblent indiquer, par l'oligurie, qu'à doses massives le véronal produit de la vaso-constriction du rein.

Nous avons nous-même noté une fois ce symptôme : oligurie, dans un cas d'intoxication par accumulation de doses ordinaires (Observation X). Qu'il agisse par accumulation progressive, ou par doses massives, le mécanisme de production des accidents est le même dans les deux cas, pour le véronal, il est toujours dû à la lenteur de l'élimination. L'insuffisance rénale augmentant encore la lenteur de l'élimination, on comprend avec quelle facilité les accidents se produiront. C'est pour cela que nous croyons que les maladies des reins constituent une contre-indication sinon absolue, du moins relative, à l'emploi du véronal. En somme, sans vouloir proscrire absolument cet hypnagogue dans les affections rénales, comme le fait Mongeri, nous dirons qu'il faut l'employer avec une extrême prudence, en surveiller l'action de très près, et le supprimer à la moindre alerte.

En ce qui concerne l'insuffisance hépatique comme contre-indication clinique du véronal, nous n'en connaissons pas d'exemple dans la littérature médicale, mais en théorie, c'est parfaitement admissible puisque le foie est chargé de détruire les poisons, et le rein de les éliminer.

Peu de temps après la découverte du véronal, on l'avait accusé d'exercer une action fâcheuse sur le cœur; mais les recherches ultérieures et les données de la clinique l'ont mis à l'abri de ce reproche.

CHAPITRE V

INCONVÉNIENTS DU VÉRONAL — ACCIDENTS INTOXICATION

Le véronal produit quelques effets secondaires de peu de gravité, survenant la plupart du temps après un usage prolongé et dans certains cas, cependant, dès le début, ce qui est dû, sans doute, bien plus à l'idiosyncrasie du sujet qu'à l'action nocive du médicament.

Les phénomènes qui indiquent la limite de tolérance de l'organisme sont de trois ordres :

1° Celui qui se présente le plus fréquemment est l'effet prolongé, c'est-à-dire que le malade ne dort plus seulement la nuit, mais encore le jour suivant. Il se produit une véritable accumulation du médicament dans l'organisme par suite de la lente élimination, encore faut-il pour cela des doses élevées de 1 à 2 grammes et une administration de longue durée.

Le remède est simple, il suffit de supprimer le médicament et de ne le donner, dans la suite, que par intervalles.

L'effet opposé, c'est-à-dire le retard dans l'action du véronal, se produit plus rarement.

2° Les inconvénients du second groupe consistent en vertiges, titubation, incertitude de la marche, état analogue à l'ivresse, pesanteur de tête, céphalée, vomissements. Mendel et Kron les ont observés dans une proportion de 10 pour 100 des cas.

3° Enfin des éruptions de formes variées, morbilliformes, scarlatiniformes, ortiées, urticariennes, apparaissent fréquemment pendant l'emploi du véronal. Bourilhet en a observé deux cas, chez une mélancolique et chez une paralytique générale, avec des doses de 50 centigrammes. Lilienfeld, Fernandez, Clarke, Jacobson, Sérieux et Mignot, etc., ont aussi observé des cas d'exanthémies polymorphes.

Il est encore un autre inconvénient commun à tous les hypnagogues, mais que le véronal possède à un faible degré, nous voulons parler de l'accoutumance.

Personnellement, nous ne l'avons pas constaté. Nombre d'auteurs, parmi lesquels Gray, Hartmann et Prölls, qui ont employé le véronal dans toutes sortes d'affections, à la dose de 50 à 75 centigrammes, font remarquer avec beaucoup d'insistance que ce médicament, administré pendant longtemps, n'a rien perdu de son action ; l'accoutumance semblerait donc ne se produire que très peu ou pas du tout. Il n'en est pas de même de l'accumulation, qui se produit fréquemment et dont nous avons pu suivre tous les effets dans l'observation relatée ci-dessous :

Observation X (personnelle).

(Recueillie dans le service de M. Pic.)

Entéro-colite muco-membraneuse.

Marie P..., vingt-sept ans, IIIe Femmes, n° 13, Hôtel-Dieu.

Depuis deux ans, diarrhée habituelle, douleurs au moment d'aller à la selle, présence de nombreuses glaires dans les selles, parfois flux diarrhéique brusque et impérieux.

Abdomen rétracté, surtout douloureux au niveau du côlon droit, siège de douleurs nocturnes vives, entraînant un état marqué d'agitation et d'insomnie.

Pas d'albumine dans les urines.

Pendant huit jours, la malade prend chaque soir un cachet de 30 centigrammes de véronal.

L'action hypnagogue est peu marquée la première nuit, plus nette la seconde et, la troisième nuit, la malade dort d'un sommeil calme et paisible. La douleur abdominale était assez calmée pour permettre le sommeil pendant la nuit, mais elle reparaissait au réveil.

Après le sixième cachet, sommeil profond pendant la nuit, suivi d'une tendance invincible à dormir pendant la journée. Le soir, apparition d'une plaque érythémateuse sur la main gauche. Le lendemain, le réveil est pénible, accompagné de nausées, de vertiges, de pesanteur de tête, de titubation ; la malade est obligée de se faire soutenir pour marcher. De nouvelles plaques érythémateuses apparaissent sur la main du côté droit, sur la face, sur les paupières. Ces plaques sont urticariennes, provoquent de vives démangeaisons, quelques bulles apparaissent par le grattage. Le huitième jour, devant ce tableau complet de l'intoxication véronalique légère, on fait supprimer le traitement, et, trois jours après, il n'y avait plus traces des accidents que nous venons d'énumérer.

L'examen des urines pratiqué le jour de la suppression du véronal, révèle un disque net d'albumine.

Voici d'autres exemples d'accidents toxiques causés par le véronal. (*Semaine médicale*, février 1905.)

Chez 3 neurasthéniques sur 12 auxquels il faisait prendre tous les soirs 50 centigrammes de véronal pour combattre l'insomnie, le D^r H Kress (de Rostock) a vu survenir, le troisième ou le quatrième jour, des phénomènes d'intolérance se manifestant par une somnolence très marquée, à laquelle succédèrent une inappétence extrême et une faiblesse telle que les malades étaient obligés de garder le lit.

D'autre part, le Dr J. Kuhn (de Copenhague) a observé une femme qui, après avoir absorbé pendant quelques jours du véronal à la dose quotidienne de 50 centigrammes contre l'insomnie, eut un léger mouvement fébrile (38 degrés) avec sécheresse de la bouche et sensation de brûlure dans la gorge. Un exanthème morbilliforme ne tarda pas à apparaître à la face ; les jours suivants, il s'étendit à la poitrine, puis gagna peu à peu la totalité du membre supérieur et devint confluent. La malade se plaignant en outre de douleurs dans la bouche, on constata qu'il existait un gonflement général du côté de la muqueuse buccale et pharyngée qui était rouge et parsemée de vésicules; elle présentait même de petites bulles. Enfin il y avait un peu de conjonctivite et de douleur dans les oreilles.

Pendant six jours, la température oscilla entre 38 et 39 degrés, et ce n'est que le huitième jour que disparurent tous les signes d'intoxication.

Concluons : le véronal est susceptible d'exercer une action cumulative et de donner lieu à des phénomènes d'intoxication assez graves ; il s'en faut donc que l'administration de ce médicament soit toujours exempte d'inconvénients.

Semaine médicale, 22 mars 1905.

Le docteur allemand W. Alter a vu des accidents

plus graves encore que ceux mentionnés ci-dessus (puisque dans un cas ils se terminèrent par la mort) survenir chez trois malades auxquels il avait prescrit le même médicament pour insomnie rebelle.

Premier cas. — Homme, trente et un ans, délire systématisé chronique ; 1 gramme de véronal le soir ; le lendemain, réveil avec nausées, céphalée, douleurs névralgiques dans la branche inférieure du trijumeau gauche et dans les deux sciatiques, puis phénomènes de congestion céphalique et hémoptysie. Pouls irrégulier, inégal : 100 à 106. Pas de température. Délire avec hallucinations visuelles. Le soir, pouls plus mauvais et léthargie profonde. Le lendemain soir, évacuation alvine spontanée avec sang. Amélioration consécutive rapide.

Durée totale des accidents : quarante-huit heures.

Alter, ne croyant pas le véronal en cause, en recommence l'administration : les mêmes accidents se reproduisent ; on cesse, et ils disparaissent.

Deuxième cas. — Femme, soixante et un ans, neurasthénique, artério-sclérose, néphrite interstitielle. On lui administre 1 gramme de véronal en lavement dans 10 centimètres cubes de lait. Cinq heures après, réveil avec céphalée intense ; coliques ; poussées congestives à la face, et hallucinations visuelles. Palpitations cardiaques qui revêtent l'intensité d'une angine de poitrine. Café noir ; amélioration. Il subsiste une grande lassitude, un peu d'agitation et d'obnubilation. La première selle du lendemain fut hémorragique.

Troisième cas. — Homme, cinquante-quatre ans, épileptique. 1 gramme de véronal, qui procure d'abord un bon sommeil ; mais le lendemain matin, subitement presque, Cheyne-Stokes avec longues périodes d'apnée. Résolution musculaire complète ; incontinence d'urine ; myosis extrême ; abolition du réflexe pupillaire ; la température monte progressivement à 39°9 ; pouls irrégulier inégal. Le lendemain la température est à 41°4 ; l'état général s'aggrave ; le malade succombe le troisième jour avec des signes évidents d'œdème pulmonaire.

Les cas que nous venons de passer en revue sont des cas d'intoxication aiguë ; voici maintenant un cas d'intoxication chronique (véronalisme chronique) terminé par la mort.

Etat de mal dû à l'usage prolongé du véronal. (*Semaine médicale*, 13 septembre 1905, H. Kress, de Rostock.)

Femme, vingt-huit ans, hystérique, insomnie nerveuse. On lui donne 50 centigrammes de véronal ; le médicament agit en trois jours, mais l'accumulation se produit et on ordonne de suspendre. Peu à peu, apparition d'accidents obscurs, ne pouvant se rattacher à l'hystérie : mauvais état général ; dénutrition progressive ; démarche vacillante ; écriture mal assurée ; tremblement à grandes oscillations qui disparaissent pendant l'acte d'écrire ; anorexie, nausées ; constipation, vertiges ; affaiblissement de la mémoire ; confusion mentale.

Au bout d'un certain temps, série d'attaques d'épilepsie qui aboutissent à un état de mal qui se termine par la mort dans le coma.

On procéda à une enquête : depuis onze mois et demi

la malade n'avait cessé de prendre du véronal, (malgré la défense qui lui en avait été faite) à des doses progressives de o 50, 1 gramme et 2 grammes. Kress conclut à la mort par l'usage prolongé de l'hypnotique.

Nous allons maintenant examiner en détail un cas d'empoisonnement par le véronal dans une tentative de suicide, publié tout récemment dans le *Therapeutische Monatshefte* (avril 1906) par le Dr Mörchen.

Il s'agit d'une jeune fille de vingt-neuf ans, exerçant la profession de garde-malade. Caractère mélancolique. A l'âge de vingt-six ans, devient morphinomane, sans avouer les doses. Entrée à la clinique de Hoe Mark, elle s'y fait remarquer par ses idées tristes. Tombe malade en juillet : idées noires ; perte de l'appétit et du sommeil ; hématémèses (jamais elle ne montrait le sang). Une nuit elle se lève et prend dans le laboratoire des tablettes de véronal (8 à 10 gr.), trional et sulfonal (5 à 6 gr.) qu'elle ingère ; et elle déclare par la suite qu'elle avait voulu s'empoisonner. Quelques instants après, vomissements. Le lendemain matin, état comateux, abolition totale de tous les réflexes, mydriase — reste sans connaissance quatre jours entiers. Rétention d'urine pendant quarante-huit heures ; puis la malade urine dans un bain chaud. Trois jours après, délire, hallucination visuelle, asthénie complète, tendances à la syncope, vomissements fréquents — pas de fièvre. Le lendemain la malade prend un peu de nourriture ; les réflexes reviennent, mais sont encore très faibles ; rien dans les urines.

Prostration pendant quelque temps encore ; idées

de suicide ; troubles du langage. Puis elle se rend compte de ce qui s'est passé mais avec des lacunes. — Convalescence longue.

L'auteur ajoute qu'il s'agit probablement d'une névrose hystérique.

Sur la dose totale absorbée un dixième seulement fut rejeté ; et cependant l'effet toxique avait eu le temps de se produire. On ne relève pas d'autre part dans le complexus symptomatique de l'empoisonnement, les caractères de l'intoxication par le sulfonal, tels que l'hématurie, et l'hématoporphyrinurie. On est donc tout porté à faire jouer le grand rôle au véronal, le sulfonal ayant été pris à la dose de 2 grammes et le trional a la dose de 4 grammes, ce qui n'est pas exagéré.

Comme signe important, l'auteur signale la complète rétention d'urine pendant quarante-huit heures. Comme on n'a pas constaté de réplétion vésicale, on peut dire qu'il y avait oligurie. — A remarquer également qu'il ne s'est pas produit d'exanthème, comme on le constate dans presque tous les cas d'intoxication par le véronal.

L'auteur rapporte les principaux cas d'intoxicatoin par le véronal.

Harnack fait le récit du cas de Holzminden où 5 gr. 5 d'extrait de fougère mâle plus 10 grammes de véronal furent ingérés ; les phénomènes consécutifs furent : coma, oligurie ; diminution légère au début, puis progressive du réflexe pupillaire et tendineux ; la pupille se rétrécit de plus en plus jusqu'à l'approche de la mort qui survient au troisième jour.

Gerhartz — il s'agit d'un hystérique — trois grammes de véronal : troubles cardiaques, sommeil profond, mouvements convulsifs.

Un autre cas de Senator qui a vu après l'administration de 2 grammes de véronal se produire au bout de deux heures des palpitations cardiaques, de l'accélération du pouls ; pas d'autres conséquences fâcheuses.

Dans un cas de David, on observe un sommeil profond, un exanthème prurigineux après l'absorption d'un gramme seulement.

Mörchen cite encore quelques cas d'intoxication plus chronique.

Clarke rapporte un cas où 8 grammes de véronal furent absorbés en quatre jours, alors qu'auparavant on le donnait à doses modérées : sommeil profond, délire, exanthème intense.

Dans un cas de véronalisme vraiment chronique de Laudenheimer, le principal symptôme est l'oligurie.

Nombreux sont les auteurs qui ont signalé des accidents légers à la suite de faibles doses ; mais il est bon de rappeler qu'il est d'autres médecins qui ont donné du véronal à hautes doses sans effet fâcheux (Berent : 3 gr. — 8 gr.). L'auteur n'a jamais eu d'accidents en donnant 1 gr. 5 à doses réfractées. D'autre part dans les cas où on employa jusqu'à 10 grammes, on n'observa pas de suites mortelles, sauf dans le cas d'Harnack où l'on doit peut-être incriminer la fougère mâle. Cette propriété qu'a le véronal de produire des accidents, quand il est pris à des doses anormales (8 à 10 gr.), lui est commune avec beaucoup d'autres médicaments.

Au point de vue symptomatologique, le cas décrit

par l'auteur ressemble à celui de Hald ; dans les deux cas, dilatation pupillaire, paresse du réflexe à la lumière. Dans les autres cas, ce qu'il faut surtout remarquer, c'est l'oligurie ; elle apparaît en réalité comme le symptôme le plus typique et pathognomonique. L'auteur ajoute que, par un usage prolongé du véronal chez des dégénérés, il a observé des troubles manifestes du langage et du « collapsus intellectuel » ; tout s'améliorait lorsqu'on remplaçait le véronal par un autre médicament. Il a constaté souvent aussi l'accoutumance ou diminution de l'effet. De tout cela, il conclut qu'il faut éviter de donner du véronal d'une façon continue. Le cas décrit plus haut par lui, lui semble en quelque sorte une confirmation de l'opinion d'Harnack, attribuant à la fougère mâle et non au véronal l'issue fatale dans l'observation de Holzminden. Dans ce cas, il s'agissait d'un homme fort, alors que pour Mörchen on était en présence d'un sujet faible, déjà malade auparavant, chez qui la même quantité, malgré des effets secondaires de narcose, ne produisit qu'un état comateux.

« A quelle dose, se demande l'auteur, le véronal peut-il être mortel ? C'est ce qu'on ne peut pas dire avec certitude. Pour des doses ne dépassant pas 10 grammes, on n'a pas à s'attendre à une issue mortelle, même dans des circonstances défavorables, comme c'était notre cas ; mais il n'est pas impossible qu'avec plus de 10 grammes, on arrive au coma suivi d'issue défavorable. »

« Après la publication de cet article, continue Mörchen, j'ai connu un cas d'empoisonnement par le véronal décrit par Geiringer in *Wiener Klinischer*

Wochenschrift (1905, n° 47). Une femme neurasthénique prend 4 gr. 50 de véronal en une seule fois : profond sommeil ; le lendemain mauvais état général ; vomissements, vertiges, titubations, myosis ; réaction pupillaire faible. Le surlendemain, plus de phénomènes ; on lui administre une nouvelle dose de véronal assez élevée ; pas de conséquences fâcheuses. Ce qu'il y a de plus remarquable dans ce cas, c'est l'état des pupilles qui réagissent mal, ce qui concorde avec l'observation de Hald et les nôtres, avec cette différence toutefois qu'il s'agit dans celles-ci de mydriase, tandis qu'on constate du myosis dans le cas décrit par Geiringer.

CHAPITRE VI

VALEUR COMPARATIVE DU VÉRONAL.

Dans les chapitres précédents, nous avons déjà vu tous les avantages cliniques du véronal qui surpassent certainement de beaucoup les quelques inconvénients que nous avons signalés. Sa rapidité d'action, la longue durée du sommeil provoqué, la grande ressemblance de ce sommeil avec le sommeil physiologique, l'innocuité relative du médicament en font, sans conteste, un hypnagogue de grande valeur. Son étude comparative avec les autres hypnagogues fera encore mieux ressortir toute l'excellence de ce produit, que tous les auteurs sont d'accord à reconnaître.

Lüther (*Wochenschrift 1903*) dit que le véronal a un goût moins désagréable que le chloral, la paraldéhyde, l'hydrate d'amylène, le dormiol. Son action est supérieure à celle des précédents et aussi de la scopolamine.

L'accoutumance est égale à celle des autres hypnagogues. L'auteur ne connaît pas de cas d'intoxication au moment où il écrit. Il ajoute que le véronal n'a pas l'action cumulative du sulfonal et du trional. Des statistiques globales qu'il a faites, il ne ressort pas d'indication spécifique. Francotte dit que l'action de 50 centigrammes de véronal est égale à celle de 1 gramme de trional ; le véronal est meilleur marché, il a moins de goût.

Pour Alexander (in *Revue de neurologie*, 1905) le véronal est supérieur à beaucoup d'hypnagogues surtout dans les cas de manie où son emploi doit alterner avec celui du sulfonal.

Valeur comparative du véronal et du chloral. — Le chloral produit un sommeil complet et une anesthésie générale si la dose est assez forte. C'est un sommeil lourd, accablant, qui dure de cinq à huit heures qui ne s'accompagne généralement pas de nausées au réveil. La dose utile varie entre 1 et 2 grammes, la dose toxique est de 5 à 10 grammes. Le sommeil est obtenu une demi-heure ou une heure après l'absorption du médicament ; c'est la même chose pour le véronal.

L'action hypnotique et sédative du chloral est plus forte que celle du véronal ; il produit d'heureux effets dans certains cas d'agitation extrême où le véronal ne donne pas de résultats appréciables ; il est plus anesthésique. Le chloral est moins inoffensif que le véronal ; il produit plus facilement des éruptions cutanées qui traduisent l'intolérance de l'organisme pour le médicament; son usage prolongé amène de la déchéance intellectuelle et souvent le malade ne veut plus cesser l'emploi du médicament. Le chloral exerce surtout une action fâcheuse sur les centres bulbaires qui traduisent leur imprégnation par l'abaissement de la température et la chute de la pression sanguine, dans les cas légers ; le ralentissement du cœur et de la respiration, aboutissant au coma et à la mort, dans les cas graves.

Le véronal présente donc sur le chloral de notables

avantages : son sommeil est plus agréable, plus naturel ; son emploi nécessite des doses moins élevées ; sa suppression est facile ; il n'abaisse pas la pression sanguine ; il produit moins souvent des accidents d'intoxication.

Le sulfonal. — Le sommeil produit par ce médicament et les disulfones en général (trional, tétronal) ressemble assez au sommeil provoqué par le véronal ; mais au réveil le malade est moins dispos, il éprouve une sensation de lassitude avec tendance à s'assoupir de nouveau. Son action est plus lente à se produire que celle du véronal ; ce n'est que deux ou trois heures après l'ingestion qu'elle débute ; la durée du sommeil est à peu près égale (4 à 8 heures). C'est un hypnagogue direct, qui n'agit que dans les cas d'insomnie purement nerveuse, il n'a donc pas d'action sédative contre la douleur. Sa suppression brusque amène des accidents graves. Le sulfonal est un médicament dangereux ; des doses élevées, un usage prolongé qui produit des effets accumulatifs, amènent de véritables empoisonnements, dont le symptôme dominant est l'hématoporphyrinurie. C'est un poison du sang.

Le véronal a donc une action plus rapide, plus sédative, moins toxique.

L'hédonal (métylpropylcarbinoluréthane). — L'hédonal et le dormiol ont fait l'objet d'expériences du professeur Mayor, à Genève, en 1905, pour montrer les troubles cardio-vasculaires qu'ils déterminent souvent.

L'hédonal s'est montré bon narcotique et bon sédatif dans la pratique psychiatrique, sans produire d'effets secondaires désagréables. Toutefois, les doses auxquelles il faut l'employer sont un peu supérieures à celles du véronal (1 à 3 gr.) et souvent à la dose de 3 grammes il est resté sans action dans le délire des alcooliques et la paralysie progressive des aliénés. On signale également des empoisonnements avec des doses de 8 grammes (Lœderer, *Klin. Wochenschrift*, 1904). Donc l'hédonal n'a pas de supériorité sur le véronal.

Le dormiol (amylène-chloral). — Il présente comme avantages, de pouvoir s'employer à faibles doses ; (20 à 30 centigr.) chez l'enfant ; d'être assez bon hypnotique dans les états nerveux simples ; de ne pas être dangereux ; il ne produit pas d'effets accumulatifs, mais il a de gros inconvénients qui le rendent nettement inférieur au véronal ; il est souvent infidèle dans les états d'excitation des aliénés, et il a une odeur et un goût désagréables qu'aucun correctif ne parvient à supprimer. Comme le précédent, action fâcheuse sur le cœur.

La scopolamine. — Celle-ci est plus dangereuse à manier (par dixième de milligramme) ; elle provoque des vomissements et, en somme, c'est bien plus un anesthésique qu'un hypnotique.

L'isopral. — Voici ce que dit Lugiato (*Revue de neurologie*, 1906) : « Le médicament le plus efficace contre l'insomnie des aliénés est le véronal associé au chlorhydrate d'héroïne ; viennent ensuite le véronal seul, puis l'isopral. »

L'isopral s'emploie aux mêmes doses que le véronal (de 50 centigr. à 2 gr.), il agit peut-être plus vite (un quart d'heure). Son sommeil dure un peu plus longtemps (5 à 10 heures). Ses indications en pathologie nerveuse sont à peu près les mêmes ; mais, il a des inconvénients : sa grande volatilité et son danger pour le cœur et le système vasculaire (Urstein, Mendl, Muthmann. Petschnikow *(Russky - Wratsch*, 1904) qui a étudié les hypnagogues usuels au point de vue de leurs effets nocifs sur le cœur, établit l'échelle suivante : l'uréthane est le moins nuisible, puis le véronal, la paraldéhyde, l'hédonal, l'hydrate de chloral, l'isopral.

La dionine. — Comme hypnagogue, le véronal est supérieur à la dionine, mais il est inférieur comme antispasmodique dans la coqueluche et les affections des voies respiratoires. L'association des deux médicaments produit des effets merveilleux.

CHAPITRE VII

POSOLOGIE ET MODE D'EMPLOI

La dose hypnagogue de véronal est de 30 centigrammes à 1 gramme. La dose sédative dans l'agitation est de 1 à 2 grammes ; même à cette dose, on a parfois des insuccès.

Il est prudent de ne pas dépasser la dose de 2 grammes ; cependant Bourilhet, chez une agitée maniaque, a employé 4 grammes sans inconvénients. Il est d'ailleurs toujours préférable, quand on parvient à la dose de 1 gr. 50, d'administrer le médicament par fractions, et ainsi, chez les femmes tout au moins, les effets sont toujours supérieurs, quand la dose de 1 gramme, par exemple, a été donnée en quatre fractions de 25 centigrammes.

Le mode d'emploi ne semble pas avoir grande importance. On a administré le véronal dans du pain, de la confiture, de la soupe ; en dissolution dans des infusions de thé, sans qu'il ait été constaté de différence dans le mode d'action, s'emploie surtout en cachets.

Fischer et Von Mering ne recommandent pas l'emploi du véronal en cachets ; ils ont constaté des insuccès, le sommeil n'étant obtenu que tard, souvent après plusieurs heures.

Edhem a employé le véronal en lavement ; le produit est dissous dans de l'eau chaude au moment de s'en servir ; la voie rectale a été aussi efficace que la voie gastrique.

Le mieux est d'administrer le véronal dissous dans une infusion chaude ; celles de valériane, de menthe poivrée, d'armoise, méritent d'être préférées à cause de leurs propriétés calmantes sur l'intestin.

Il ne faut pas que le véronal séjourne trop longtemps dans l'organisme, et dans les cas où l'intestin est paresseux, il est bon, suivant les conseils de Homburger et de Heinrich, d'administrer au préalable un purgatif.

Dans le commerce on trouve le médicament sous forme de tablettes dosées à 50 centigrammes, celles-ci portent une incisure qui permet la division en parties égales, pour les cas où on veut administrer 25 ou 75 centigrammes. Ces tablettes préparées au cacao se désagrègent très facilement dans l'eau chaude, permettant une dissolution rapide du véronal.

Chez les enfants et même chez le nourrisson le véronal a été employé ; il s'est montré bon hypnotique et bon sédatif à la dose de 50 centigrammes dissous dans 100 grammes d'une infusion de camomille.

Il faut élever la dose de 1 gramme à 1 gr. 50 dans les cas d'excitation maniaque, de délire alcoolique, d'excitation compliquée de confusion notable, dans les états épileptiques.

Il arrive parfois qu'après un usage prolongé, et

dans des cas exceptionnels, la manifestation de l'effet hypnotique de la dose habituelle, soit retardée; il suffit alors d'élever peu à peu la dose journalière, en partant par exemple de la dose de 5 centigrammes pour arriver par augmentation régulière à la dose totale de 1 gramme.

CONCLUSIONS

I. Le véronal, ou diéthylmalonylurée, est un médicament hypnagogue de grande valeur. Il peut être classé parmi les hypnagogues directs ; toutefois il est incontestablement aussi légèrement sédatif.

II. Ses avantages sont : sa facilité d'administration (en solution dans un liquide chaud, ou en cachets) ; sa rapidité d'action (une demi-heure environ) ; la longue durée du sommeil provoqué (5 à 7 heures) ; la grande ressemblance de ce sommeil avec le sommeil physiologique ; enfin l'innocuité relative du médicament.

III. La dose utile de véronal est de 30 centigrammes chez la femme, et 50 centigrammes chez l'homme ; cette quantité peut être augmentée, en fractionnant les doses, chez divers malades, et spécialement chez les aliénés.

IV. Les indications du véronal sont constituées par toutes les insomnies ; son indication dominante est l'insomnie nerveuse ou agrypnie ; ses indications secondaires sont des insomnies consécutives aux affections des divers appareils nerveux, circulatoire, respiratoire et digestif.

V. Ses contre-indications résultent de la connaissance de son accumulation possible d'une part et, d'autre part, de l'étude analytique des cas d'intoxication dans la plupart desquels on a pu déceler une insuffisance rénale évidente ou latente.

BIBLIOGRAPHIE

1903

AJELLO (S.), Rivista critica sugli ipnotici ed esperimenti sul veronal nuovo ipnotico (Gazetta medica siciliana, n° 20).

ARONHEIM, Veronal, ein neues Schlafmittel (Die medicinische Woche IV, n° 31).

BARTHOLOW (R.), A new and valuable hypnotic (New-York medical Journal, 19 septembre).

BERENT (W.), Ueber Veronal (Therapeutische Monatshefte, juin).

FASSBIND, Ueber Veronal (Correspondenzblatt f. Schweizer-Aerzte, XXXIII, 31e supplément).

FISCHER (E.), und MERING (J.-V.), Ueber eine neue Klasse von Schlafmitteln (Therapie der Gegenwart, fasc. 3).

FISCHER (W.), Ueber die Wirkung des Veronal (Therapeutische Monatshefte, août).

JOLLY, Verhandlungen der Berl. med. Gesellschaft (Berliner klin. Wochenschrift, n° 21).

KLEIST, Ueber die physiologische Wirkung des Veronals.

LILIENFELD, Veronal, ein neues Schlafmittel (Berliner klin. Wochenschrift, n° 21).

LOTSCH (F.), Erfahrungen mit dem neuen Schlafmittel Veronal (Fortschritte der Medicin, n° 19).

LUTHER, Veronal (Psychiatrische, neurologische Wochenschrift, n° 28).

MATHEY (O.), Mitteilungen über Veronal (Neurologisches Centralblatt, n° 19).

MENDEL (K.) und KRON (J.), Ueber die Schlafwirkung des Veronal (Deutsche med. Wochenschrift, n° 34).

MONTAGNINI (T.), Il Veronal nelle malattie mentali (Rivista Venezia die scienze medische, 15 décembre).

OFFER (Rob.-Th.), Veronal, ein neues Schlafmittel (Centralblatt für die ges. Therapie, juillet).

OPPENHEIM, Verhandlungen der Berliner med. Gesellschaft (Berliner klin. Woch., n° 21).

POLY, Ueber die therap. Bedeutung des neuen Schlafmittels Veronal (Münch. med. Wochenschrift, n° 20).

BONVECCHIATO, Il Veronal nelle epilepsia notturna.

RASCHKOW (H.), Veronal, ein neues Schlafmittel (Wiener klinische Rundschau, n° 11).

ROSENFELD (M.), Therapeutische Erfahrungen mit Veronal (Therapie der Gegenwart, fasc. n° 4).

SACCONAGHI, Sul nuovo ipnotico Veronal (Gazetta medica italiana, n° 46).

SCHULE, Ueber das neue Schlafmittel Veronal (Therapeut. Monatshefte, mai).

SPIELMEYER, Klin. Erfahr. mit Veronal (Centralblatt für Nervenheilkunde u. Psych., XXVI, n° 163).

THOMSEN, Ueber Veronal (Psychiatrische neurol. Wochenschrift, n° 13).

TRAUTMANN (C.), Der Einfluss des Veronal auf die Stickstoffausscheidung beim Menschen (Therapie der Gegenw., fasc. 10).

VERHOOGEN, Le Véronal (Journal médical de Bruxelles, n° 43).

WEBER (L.-W.), Ueber Versuche mit Veronal, einem neuen Schlafmittel (Deutsche med. Woch., n° 40).

WIENER (L.), Das Veronal, ein neues Hypnotikum (Wiener med. Presse, n° 24)

WURTH, Ueber Veronal u. seine Wirkung bei Erregungszuständen Geisteskranker (Psychiatr. neurol. Wochenschr., n° 9).

MICHEL (Rud.) u. RAIMANN (Emil), Das Veronal (Die Heilkunde, VIII, Heft, I).

MONTAGARD (V.), Journal de physiologie et de pathologie générale, p 779.

SABRAZEZ, Gazette hebdomadaire des sciences méd. de Bordeaux, n° 32.

ARNOZAN, Précis de thérapeutique.

SOULIER (H.), Traité de thérapeutique et de pharmacologie.

1904

LAUDENHEIMER, Therapie der Gegenwart, n° 1.

LINDNER, Zeitschrift für Aertztliche Fortbildung, n° 11.

RICHTER u. GREGOR STEINER, Psychiatrische neurologische Woch., n° 51.

HALD, Zbl. für Nervenheilkunde und (Psychiatrie, n° 173).

DUMONT et CAILLIAU, Le Véronal (Journal de médecine interne, 1er août).

CONSTENSOUX et CHESNAIS, Société de neurol, 7 janvier (Revue de neurol., 30 janvier).

EDHEM, Etude sur le véronal (Archives générales de médecine, 26 juillet, n° 30).

GAUSSEL, Emploi du véronal comme hypnotique (Soc. des sc. médic. de Montpellier, 22 janvier).

LEMAIRE, Réactions du véronal (Bulletin de la Soc. de pharmacie de Bordeaux).

MARIE (P.), Soc. de neurologie, 7 janvier (Revue de neurologie).

MASSAY et DRAPPIER, Journal méd. de Bruxelles, 23 juin.

SABRAZÈS, Gazette hebdom. des sc. méd. de Bordeaux, n° 18.

DUFAUR, Contribution à l'emploi thérapeutique de la diéthylmalonylurée (th. de Bordeaux).

ABRAHAM, Centralbl. für Nervenheilkunde.

BAYARDO, La Medicina pratica, n° 27.

BREITMANN, Wratschebuaja Gazeta, n° 36.

BURNET, The medical Times, 26 novembre.

CAVAZZONI, Gazetta degli ospedale et clinich, Milano, n° 145.

Clarke, Lancet, n° 4195, p. 233.
Eule, Therapeut. Monats., n° 9.
Jacobous, Ibid., p. 12.
Laudenheimer, Therapie der Gegenwart, n° 1.
Molle Kleist, Archiv der Pharmacie.
Salomon, Deutsche medic. Zeitung, n° 4.
Senator, Deutsche med. Wochenschrift, n° 31.
Spann, Wochenschrift für Thierheilkunde, n° 31.
Kohler, Ueber Veronal. Dissertation Halle.
Kaan, Therapeut. Monat., n° 9.
Stein, Prager Medicinische Wochenschr., n° 41.
Roy, Bulletin médical de Québec, n° 10.
L'Hoest, Annales de la Soc. médico-chirurgicale de Liège, n° 11.
Francotte, Bulletin de la Soc. de médecine mentale de Belgique, n° 15.
Fraœnkel, Die Heilkunde, n° 10.
Jolowicz, Deutsche medizin. Wochen , n° 22.
Fromme, Klinisch-therapeut. Wochen., p. 500.
Munz, Neue Therapie, n° 7.
Hemrich, Der Frauenarzt, n° 6.
Ulrici, Therapeut. Monat., p. 614.
Birstein, Therapie der Gegenwart, n° 2.
Mendl, Prager med. Wochenschrift, n° 6.
Muthmann, Münchner med. Wochen., n° 32.
Botscharow, Russky Wratschbnaya, n° 6.
Jordan, British medical Journal, p. 2253.
Zikelbach, Budapesti orvosi uysag, n° 39.

1905

Larkin, Merk's Archives, p. 328.
Fraœnkel, Deutsche medizinische Wochenschr., n° 6.
Prolls, Therapeut. Monat., n° 2.
Bourilhet, le Véronal hypnotique et sédatif dans les maladies mentales (Presse médicale, 20 mai).

Labougle, Thèse de Lyon, janvier.
Beck, Merk's Archives, p. 263.
Gray, Ibidem, p. 266.
L'Hoest, Heilkunde, n° 8.
Mohilla, Aerztliche Centralzeitung, n° 40.
Harnack, Münchner med. Wochen., n° 47.
Beyer, Berliner klinische Wochen., n° 29.
Alexander, The Journal of mentale science, p. 212.
Mongeri, Club médical de Constantinople.
Combemale, Le véronal contre les tremblements (Province médicale, 9 décembre).
Carette, Etude du véronal, action sur le tremblement (th. de Lille, 30 novembre).

1906.

Baccelli, Riforma medica, mars.
Morchen, Therapeut. Monat., avril.
Lugiato, Giornale di psychiatria.

www.ingramcontent.com/pod-product-compliance
Ingram Content Group UK Ltd.
Pitfield, Milton Keynes, MK11 3LW, UK
UKHW020404230726
13925UKWH00003B/1251

9 782014 055276